쉽게 배워서 가볍게 들고 다니는

나만의 가방 만들기

미즈노 요시코 지음 | 전지혜 옮김

작은 손가방에서 보스턴백까지
가방도 직접 만들면 하나뿐인 명품!

저자의 말

우선 가방을 만들 때 가장 많이 사용하는 용어를
하나씩 설명하겠습니다.

가방을 만들 때, 만드는 방법은 하나의 수단으로만 봐주세요.
책을 보고 이해가 안 되는 부분을 머릿속으로만 이해하려 하지 말고,
직접 가방을 만들면서 읽어보는 건 어떨까요?
직접 만들다보면 책에는 없는 '나만의 비결'을 발견하게 될지도 모르거든요.
'비결'은 오직 여러분의 감각만으로 가능합니다.

이 책의 사용법은 여러분이 어떻게 사용하느냐에 달렸습니다.
가방을 만들어본 적이 없어서, 궁금증을 해결하려고, 마음에 드는 천을 발견해서 등등
'만들고 싶다!'는 생각이 문득 떠오르는 순간, 책을 펼치세요.

그럼,
나의 첫 가방은 어떤 천으로 만들어볼까요?

미즈노 요시코

CONTENTS

Lesson1 천과 접착 심 고르기 4   바닥이 둥근 가방 8

Lesson2 손잡이 11   천 2장을 겹쳐서 만드는 가방 15

Lesson3 옆판 18   옆판을 잇대서 만드는 가방 23

Lesson4 가방 입구 26   휴대용 화장품 가방 32
(지퍼, 자석단추, 단추+고리)

Lesson5 주머니 35   주머니 많은 가방 40   ※ 바이어스 테이프 마무리 작업 43

Lesson6 주름 44   턱과 개더로 만든 주름 가방 47

Lesson7 안감 50   안감을 덧대서 만드는 토트백 53

Lesson8 고리 장식 56   숄더백 60

Lesson9 아일릿과 리벳 63   복주머니 가방 67

Lesson10 바닥판과 가방발 70   보스턴백 76

보충**Lesson** 더 예쁜 가방을 만들기 위한 보충수업 81
(다리미 끝손질과 원단 선세탁, 재단하기, 재봉틀로 박음질하기, 다림질하기, 송곳 사용하기)

Lesson 1

천의 종류

천과 접착 심 고르기

가방을 만들 때 가장 고민이 되는 것이 바로 천 고르기입니다.
기본적으로는 어떤 천을 사용해도 좋지만, 천마다 제각각인 특징을 알아두면 좋겠죠?

》》 좋아하는 천으로 시작하되, 천의 특징 정도는 알아두면 좋습니다.

면(얇은 직물~보통 직물)

촉감이 좋고 다루기 쉬워서 다양한 타입의 가방을 만들 때 사용합니다. 한랭사, 브로드클로스 등이 인기가 있습니다. 한랭사는 가는 실을 치밀하게 엮어 부드러우며, 브로드클로스는 표면에 광택이 나는 것이 특징입니다.

면 (두꺼운 직물)

캔버스 천, 데님, 옥스퍼드 등이 있습니다. 단단하고 두꺼워 보스턴백이나 커다란 토트백 등 큰 가방에 적합합니다. 너무 단단한 천은 주름 잡기가 어려워서 주름이 들어간 가방을 만들기에는 적합하지 않습니다.

리넨

마사로 엮어 촉감이 독특하고 깔끔한 느낌이 있습니다. 천이 뻣뻣한 편이라 가방 모양이나 크기는 원하는 대로 정하기 힘들지만, 접착 심을 붙이지 않고도 소재 특유의 느낌을 살릴 수 있습니다.

면마

면에 마를 넣어 단단하게 만든 천으로, 사용하기 편리합니다. 앞뒤 양옆에 무늬가 들어간 리버시블 타입도 많이 있습니다. 안감 없이 겉감 1장만으로 편리하고 근사한 가방을 만들 수 있습니다.

니트

뜨개질로 만든 직물로 일반 직물보다 천의 신축성이 높지만 강도는 약한 편입니다. 천이 잘 늘어나서 큰 가방보다는 니트 1장으로 작은 가방을 만드는 것이 좋습니다. 안감을 덧대면 니트가 늘어나는 걸 어느 정도 방지할 수 있습니다.

울

양모를 엮어 만든 천으로 트위드, 헤링본, 플라노 등이 있습니다. 보온성이 뛰어나며, 물을 잘 흡수하지 않아서 쉽게 더러워지지 않는다는 장점이 있습니다. 단, 강도가 약한 편이라서, 안감을 덧대어 만드는 것이 좋습니다.

래미네이트 가공 천

표면에 비닐 코팅을 입힌 천입니다. 천이 단단한 편이며 올이 잘 풀리지 않아 가방 만들기 편한 소재입니다. 주름을 만들어 디자인에 포인트를 주기에는 적합하지 않습니다. 쉽게 오염되지 않고 물에 잘 젖지 않는 게 특징입니다.

인조 모피

모피와 비슷하게 보이도록 만든 직물입니다. 풍성하고 부드러운 털로 고급스러운 느낌을 연출할 수 있습니다. 만들 때 안감을 덧대면 형태를 잡아줘서, 안정감 있는 가방을 만들 수 있습니다.

접착 심의 종류

>> 천을 단단하게 만들고 싶을 때, 접착 심으로 보강해줍니다.

접착 심의 종류

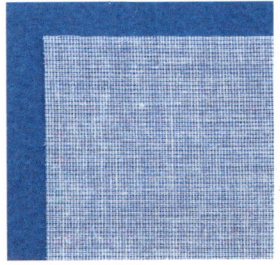

직물 타입
사선 방향으로 늘어나므로, 평직으로 엮은 천에 사용하기 좋습니다. 천에 부드럽고 팽팽한 느낌이 더해져서, 천을 보강하거나 가방 라인을 깔끔하게 만들고 싶을 때 사용합니다.

부직포 타입
섬유를 엮어 만들어서 신축성이 없습니다. 이 심을 천에 붙이면 신축성을 줄여줘서 천이 단단해집니다. 손잡이나 바닥 부분에 사용하면 효과가 좋습니다.

접착 퀼트 심
두께 약 0.5cm의 솜 느낌의 심입니다. 이 심을 붙이면 천이 단단해짐과 동시에 도톰해집니다. 도톰해진 천이 쿠션 역할을 해서, 가방 속 물건을 보호할 수 있습니다.

부드러우면서도 단단한 느낌이 난다.

가방을 세울 수 있을 정도로 전체적으로 단단해진다.

천을 도톰하게 만들 때 사용한다.

직물 타입   부직포 타입   접착 퀼트 심

같은 면직물에 서로 다른 3종류의 접착 심을 붙여 보니……

면직물(보통 직물)에 직물 타입의 접착 심을 붙이면, 천늘 석냥하게 집어줘서 가방 모양을 깔끔하게 만들 수 있습니다. 부직포 타입의 접착 심은 가방 전체 형태를 잡아주고, 가방 입구 주변을 단단하게 잡아줍니다. 접착 퀼트 심은 도톰하고 둥글게 입체감 있는 모양을 만들어줍니다.

※ 왼쪽의 가방 3개는 모두 접착 심을 붙이고 안감을 덧댄 가방입니다. 만드는 방법은 9쪽을 참조하세요.

Q 가방을 만들 때, 주름이 잘 생기지 않는 소재를 알려주세요!

A 면이나 리넨 등 천연 섬유는 주름이 잘 생기며, 폴리에스터, 나일론 등의 화학 섬유나 화학 섬유를 혼방한 천은 주름이 잘 생기지 않습니다. 천연 직물에 접착 심을 붙이면, 주름 발생을 어느 정도 방지할 수 있습니다.

Q 스티커 타입 접착 심은 어떻게 사용하면 되죠?

A 다리미를 사용하지 않고 간편히 붙일 수 있는 스티커 타입의 접착 심이 있죠. 하지만 종류에 따라서는 바느질할 때 바늘에 접착제가 묻어나는 단점이 있습니다. 그럴 때는 바느질할 부분을 피해 접착 심을 붙여줍니다.

Lesson1

접착 심을 붙이는 방법

접착 심을 붙이는 방법

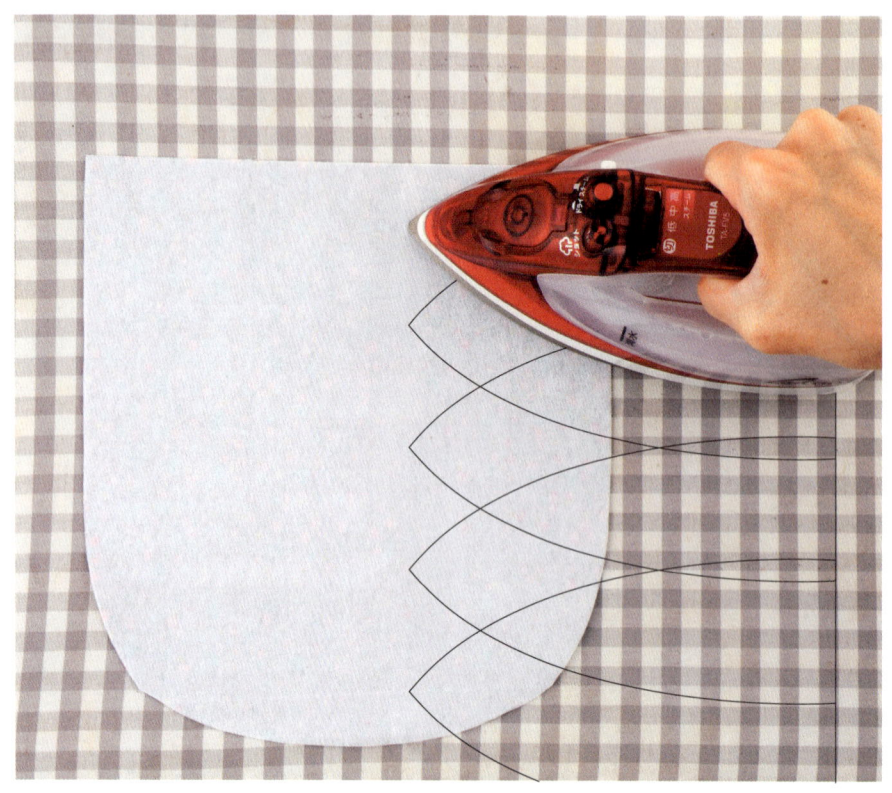

접착 심

천 안쪽 면이 위를 향하도록 올려놓고, 그 위에 접착제가 있는 면을 위치에 맞게 올려줍니다. 그다음, 접착 심이 어긋나지 않도록 접착 심 위에 다리미로 스팀을 가하지 않고 다려 임시 고정해줍니다. 접착 심 위를 밀면서 다림질하는 것이 아니라, 끝 부분부터 조금씩 옮기며 누르듯이 다립니다. 이때 스팀다리미로 전체적으로 스팀을 쐬어 다리고, 마지막으로 스팀 없이 압력을 가해 꼭 눌러 다린 후 식혀줍니다.

접착 퀼트 심

접착제가 있는 면을 위를 향하도록 놓고, 그 위에 천 안쪽 면을 맞춰서 올려줍니다. 천 위쪽을 전체적으로 빈틈없이 스팀다리미로 다려 붙여줍니다.

※ 어떤 심이든지 사용하고자 하는 천에 미리 붙여서 확인한 후 사용하면 좋습니다.

Q 붙이고 나니 심에 주름이 생겼는데 왜 그런 거죠?

A 접착 심은 기본적으로 중간 온도로 다림질해서 붙여야 합니다. 고온과 스팀으로 심이 녹거나 천이 줄어들어 주름이 생기는 경우도 있습니다. 설명서에 기재된 적절한 온도를 확인하기 바랍니다. 천과 심 자체가 맞지 않는 경우도 있으니 사전에 시험 삼아 붙여서 확인하면 좋습니다.

Q 신경 써서 붙였는데도 군데군데 접착되지 않는 부분이 있어요.

A 다리미 아래쪽을 보면 스팀이 뿜어져 나오는 증기 배출구가 있습니다. 아무리 눌러도 이 구멍 부분에는 압력이 가해지지 않으므로 증기 배출구가 없는 부분으로 잘 맞춰서 전체를 누릅니다.

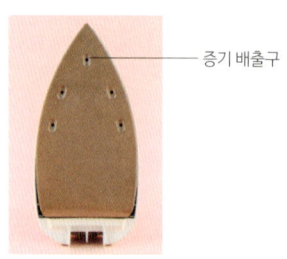

증기 배출구

Q 접착 심은 어디까지 붙이면 되죠?

A 보통은 천과 같은 크기로 잘라서 전체에 붙입니다. 봉제선에도 붙이면 박음질로 심을 고정할 수 있어서 나중에 심이 떨어지는 문제를 방지할 수 있습니다.

접착 심을 고르는 방법

직물 천에는 같은 직물 타입의 접착 심이 잘 부착됩니다. 부직포 타입의 접착 심은 천과의 신축성이 맞지 않으면, 나중에 주름이 생기거나 심이 떨어지는 원인이 되기도 하니 주의해야 합니다. 또 심을 붙이면 직물의 촉감이 바뀌기도 하니 완성되었을 때의 형태를 미리 고려해서 선택하는 게 좋습니다.

면

↓

직물, 부직포 타입

면에는 같은 직물 타입이나 부직포 타입의 얇은 심이 잘 붙습니다. 가방을 더 튼튼히 만들고 싶을 때는 안감을 덧대면 됩니다.

울

↓

직물, 부직포 타입

두꺼운 실로 느슨하게 엮인 울에는 꼭 심을 붙여야 합니다. 보강용으로는 얇은 심을, 가방 전체를 더 단단하게 잡아주고 싶을 때는 두꺼운 심을 고르기 바랍니다.

인조 모피, 래미네이트 가공 천

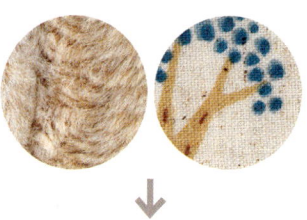

↓

열에 약한 인조 모피에는 다리미로 접착 심을 붙이면 안 됩니다. 래미네이트 가공 천은 코팅이 되어 있어 이미 천 자체가 답답하니 심을 붙이지 않아도 됩니다.

Q 서로 다른 천을 이어 붙일 때는 어떤 것을 사용하면 되나요?

A 서로 다른 천을 이어 붙일 때는 가능하면 울과 캔버스 천 등과 같이 두께가 비슷한 천끼리 조합하는 것이 좋으며, 그 두께에 맞는 접착 심을 사용해야 합니다. 만약에 두께 차가 있을 때는 서로 다른 두 천의 두께를 비슷하게 맞추기 위해서, 두께가 서로 다른 접착 심으로 조정해서 붙여야 합니다.

Q 접착 심을 붙이니 천에 주름이 생겼어요. 주름이 왜 생긴 걸까요?

A 얇은 천에 두꺼운 부직포 타입의 접착 심을 붙이는 등, 두께나 성질이 전혀 다른 천을 조합하면, 접착 심이 잘 붙지 않고 천과 분리돼 주름이 생길 수 있습니다.

Lesson1

바닥이 둥근 가방 → 실물 크기 패턴지 A면

천의 소재만 바꿔 똑같은 디자인의 미니 백을 2개 만들었습니다.
하나는 부드러운 울에 안감을 덧대서 만들었고,
또 다른 가방은 안감 없이 비교적 단단한 면마로 만들었습니다.

왼쪽이 울, 오른쪽이 면마입니다. 바닥 부분에 다트(평면적인 천을 입체적인 인체에 맞추기 위해 허리나 어깨 등의 일정한 부분을 걷어잡아 긴 삼각형으로 주름을 잡아 꿰매는 일)를 넣어 동글동글 귀여운 모양의 가방이 완성되었습니다.

울 소재의 가방 안감에는 브로드 클로스 천을 사용했습니다. 안감의 색은 겉감 무늬에 있는 색 중에서 선택하면, 더욱 안정감 있는 색 조합을 연출할 수 있습니다.

바닥이 둥근 가방

만드는 방법 *천과 실은 알아보기 쉽도록 다른 색으로 바꿔서 만들었습니다.

재료
- 1장으로 만들기
  겉감 70×40cm
- 안감 덧대서 만들기
  겉감 70×40cm   안감 50×30cm

완성 크기
가로 20cm×세로 21.5cm
(손잡이 길이 미포함)

✚ 제작 시 주의사항
1장으로 만드는 것과 안감을 덧대서 만드는 것, 이렇게 2가지 제작법을 소개합니다. 완성되었을 때의 크기는 완전히 똑같지만, 가방 몸판 입구, 손잡이의 시접이 다르니 주의해서 패턴지를 잘 본뜨기 바랍니다.

재단 배치도 (자세한 치수는 96쪽에 있습니다)

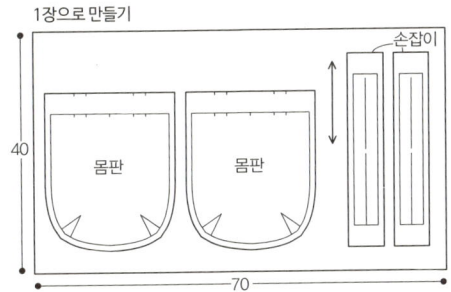

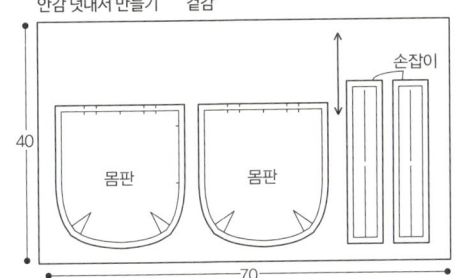
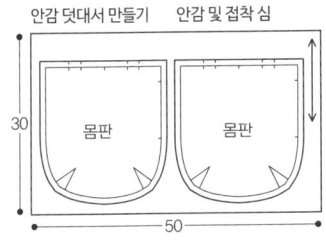

● 1장으로 만들기

1 몸판을 안쪽 면이 보이도록 접어서 표시된 부분에 맞춰 다트를 박음질합니다. 다트 끝부분도 박음질합니다.

2 다리미로 다려서 시접이 위쪽을 향하도록 눕힙니다. 반대쪽 면도 똑같이 만듭니다.

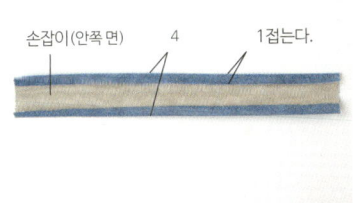

3 손잡이를 만듭니다. 다리미로 양쪽으로 시접을 접어줍니다.

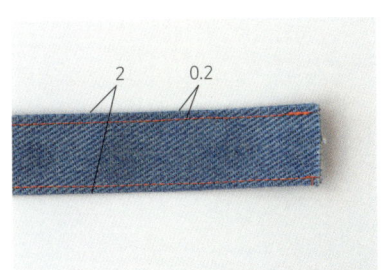

4 다리미로 손잡이를 반으로 접은 후, 양쪽에 박음질합니다. 나머지 손잡이도 똑같이 만듭니다.

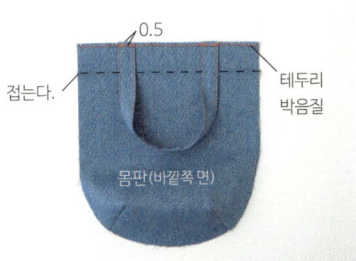

5 몸판의 입구 부분 시접을 다리미로 다려서 접어줍니다. 손잡이를 입구 부분 시접 끝에 박아 임시 고정한 후, 테두리를 박음질합니다. 반대쪽 면도 똑같이 만들어줍니다.

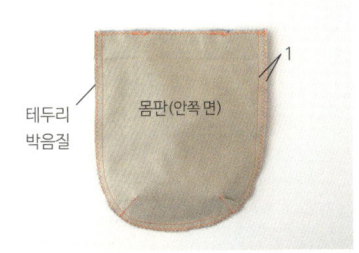

6 몸판 2장을 안쪽 면이 보이도록 맞대서 테두리를 박음질하는데, 박을 때는 몸판 2장을 같이 박아줍니다.

Lesson1　　　　　　　　　　　　　　　　　　　바닥이 둥근 가방

7 시접을 다리미로 눌러서 한쪽으로 눕혀줍니다.

○ 안감 덧대서 만들기

8 다시 겉감을 바깥쪽 면이 보이게 뒤집어서 모양을 잡습니다. 가방 입구 부분의 시접을 접어 박음질합니다.

9 손잡이를 가방 입구에 박음질로 달아줍니다.

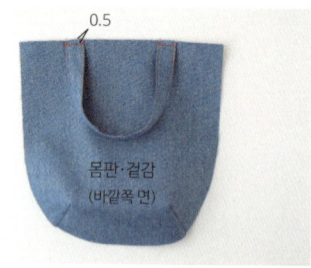

1 필요에 따라서 몸판 안쪽 면에 접착 심을 붙입니다. 겉감과 안감에 각각 다트를 박음질합니다. 시접 방향을 달리해서 안감과 겉감을 겹쳤을 때 시접 두께가 균일해지도록 겉감은 위쪽으로 안감은 아래쪽으로 눕혀줍니다.

2 손잡이를 만든 후, 겉감 시접에 임시로 고정해둡니다. 반대쪽 손잡이도 똑같이 고정합니다.(※ 손잡이 만드는 방법은 '1장으로 만들기'의 4를 참조).

3 몸판의 겉감 2장, 안감 2장을 각각 다트 부분에 맞춰 테두리를 박아줍니다. 안감은 뒤집기용 구멍을 남겨두고 박음질합니다. 시접은 한쪽으로 눕혀줍니다.

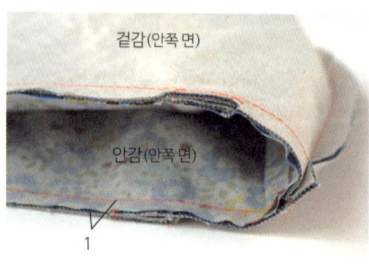

4 안감이 바깥쪽 면이 나오도록 뒤집어서 겉감 안에 넣습니다. 이때, 겉감과 안감 시접은 서로 다른 방향으로 눕혀줍니다.

5 가방 입구 테두리를 박음질합니다.

6 안감을 밖으로 꺼내서 뒤집기용 구멍으로 바깥쪽 면이 나오도록 뒤집어서 모양을 잡아줍니다.

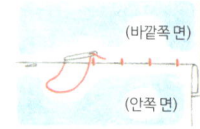

감침질

땀 간격은 2~3mm 정도로 합니다. 실이 수직이 되도록 바늘을 꽂아줍니다. 박음 선이 바깥쪽 면에서 눈에 띄지 않아 뒤집기용 구멍을 꿰맬 때 많이 사용하는 박음질 방법입니다.

7 뒤집기용 구멍을 감침질로 꿰맵니다.

8 가방 입구를 박음질합니다.

Lesson 2

손잡이 종류

손잡이

가방에 없어서는 안 될 존재, 손잡이.
몸판의 무게를 견딜 충분한 강도를 갖춰야 하며, 사용하기 편한 길이와 폭이어야 합니다.
눈에 잘 띄는 부분이니 손잡이 디자인에 신경 써야겠죠?

≫ 손잡이 디자인과 소재를 골라봅시다.

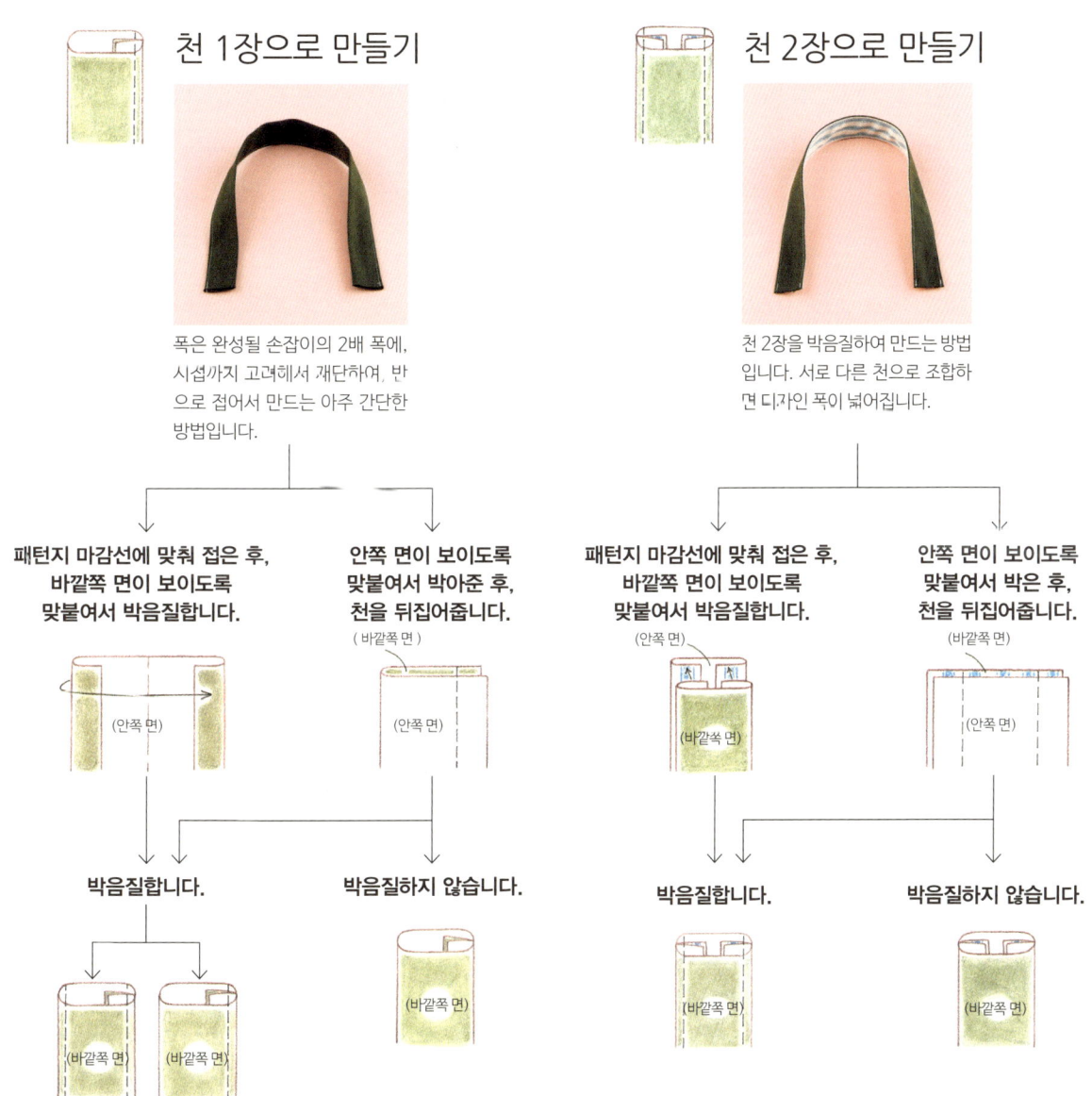

천 1장으로 만들기

폭은 완성될 손잡이의 2배 폭에, 시접까지 고려해서 재단하며, 반으로 접어서 만드는 아주 간단한 방법입니다.

- 패턴지 마감선에 맞춰 접은 후, 바깥쪽 면이 보이도록 맞붙여서 박음질합니다.
  (안쪽 면)
  → 박음질합니다.
  (바깥쪽 면) (바깥쪽 면)

- 안쪽 면이 보이도록 맞붙여서 박아준 후, 천을 뒤집어줍니다.
  (바깥쪽 면)
  (안쪽 면)
  → 박음질하지 않습니다.
  (바깥쪽 면)

천 2장으로 만들기

천 2장을 박음질하여 만드는 방법입니다. 서로 다른 천으로 조합하면 디자인 폭이 넓어집니다.

- 패턴지 마감선에 맞춰 접은 후, 바깥쪽 면이 보이도록 맞붙여서 박음질합니다.
  (안쪽 면)
  (바깥쪽 면)
  → 박음질합니다.
  (바깥쪽 면)

- 안쪽 면이 보이도록 맞붙여서 박은 후, 천을 뒤집어줍니다.
  (바깥쪽 면)
  (안쪽 면)
  → 박음질하지 않습니다.
  (바깥쪽 면)

박음질을 많이 넣을수록 튼튼한 손잡이를 만들 수 있습니다.

Lesson2

손잡이 종류

테이프를 조합해서 만들기

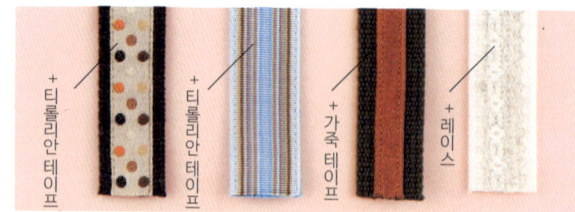

테이프 위에 다른 테이프를 덧대서 만든 손잡이. 디자인에 포인트를 줄 수 있을 뿐만 아니라 강도도 늘릴 수 있어 일석이조.

방울이 달린 장식용 수술을 세로로 길게 접은 테이프 사이에 끼워서 박음질해주면 귀여운 느낌의 손잡이를 만들 수 있습니다.

심을 넣어 만들기

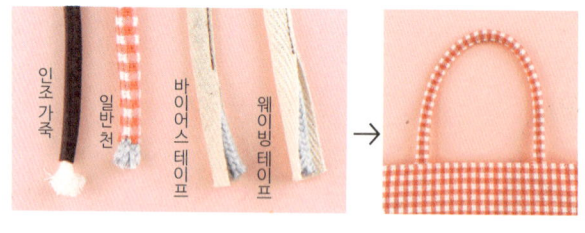

천을 원통 모양으로 만들어 그 속에 심이나 끈을 넣어 만들 수 있습니다. 손잡이가 동그랗고 도톰해서 잡기 편합니다. 바이어스 테이프나 웨이빙 테이프 등을 이용할 수도 있습니다.

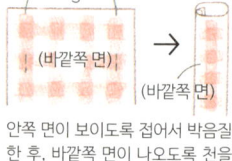

안쪽 면이 보이도록 접어서 박음질한 후, 바깥쪽 면이 나오도록 천을 뒤집어서 끈 모양 심을 넣어줍니다.

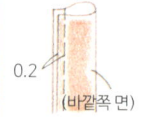

바이어스 테이프나 웨이빙 테이프 등을 사용할 경우, 바깥쪽 면에 맞춰 박음질한 후, 끈 모양 심을 넣어줍니다.

시중에서 판매하는 손잡이나 테이프 사용하기

 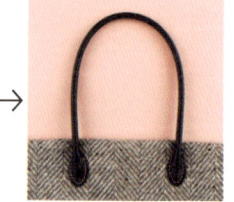

진짜 가죽이나 인조가죽으로 만든 손잡이를 달면 완성도가 높아집니다.

테이프는 아크릴, 나일론, 가죽 등 시중에서 판매하는 다양한 소재로 완성된 가방에 어울리는 것을 고르면 됩니다.

Q 두꺼운 천은 시침핀으로 고정하기 힘들어요.

A 캔버스 천이나 데님 같은 두꺼운 천은 시침핀을 꽂기 힘들 수 있습니다. 그럴 때는 클립이나 집게로 고정한 후 바느질하면 좋습니다. 또는 다리미 접착 양면테이프로 고정하는 방법도 있습니다.

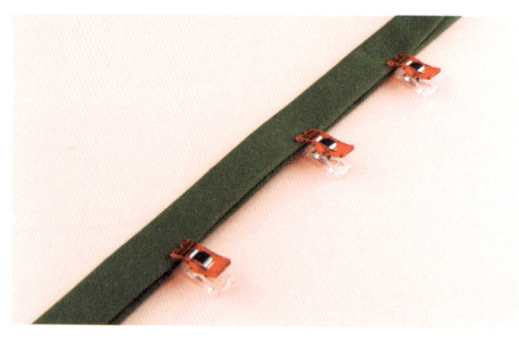

손잡이 다는 법

>> 손잡이를 깔끔하게 달려면 표시에 맞춰 정확한 위치에 임시로 고정합니다.

박음질로 달기

테이프 모양 손잡이에만 사용할 수 있는 방법으로, 박음질로도 디자인에 포인트를 줄 수 있습니다. 입구 부분 시접이나 안단이 손잡이를 박음질할 위치까지 오도록 만들어야 합니다.

안감과 안단 사이에 끼워 달기

손잡이 끝부분이 가방 안쪽에 가려져서 외형이 깔끔하게 완성됩니다. 여러 종류의 손잡이를 달 수 있는 방법입니다.

손잡이 길이와 폭, 간격의 균형

디자인이나 사용 편리성에 따라 바뀔 수 있습니다. 오른쪽 그림을 대략적인 기준으로 참고하면 됩니다. 손잡이를 박음질로 달기 전에 임시 고정한 후, 시험 삼아 가방을 들어서 확인해보면 균형감 있는 위치를 찾을 수 있습니다.

● **치수 기준(핸드백)**

길이 30cm
핸드백일 경우, 20~40cm.
숄더백일 경우, 45~60cm.

폭 2.5cm
2~2.5cm가 일반적입니다. 3cm 이상이 되면 잡기가 불편해지므로, 손잡이 폭을 10cm 정도로 재단하여 반으로 접어서 박아주면 사용하기 편해집니다(사진).

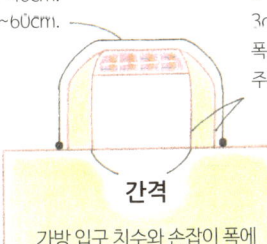

간격
가방 입구 치수와 손잡이 폭에 따라 7~12cm. 손잡이를 쥐었을 때, 안정적인 위치에 달아줍니다.

Q 안쪽 면이 보이도록 맞붙여서 박음질한 후, 천을 뒤집는 게 힘들어요.

A 천이 두껍고 폭까지 좁을 경우에는 천을 뒤집기가 아주 힘드니, 바깥쪽 면에 맞춰서 박음질하는 방법(11쪽 참조)으로 만들면 편리합니다. 천을 뒤집는 방법은 여러 가지가 있지만, 가는 봉이나 젓가락을 사용해서 한쪽 면을 눌러 넣듯이 뒤집는 것이 가장 간단한 방법입니다. 시중에서 판매하는 전용 도구(걸이 뒤집개)를 사용하면 편리합니다.

1 손잡이 한쪽 끝을 꿰매줍니다. 나중에 풀어야 하므로, 느슨하게 꿰맵니다.

2 꿰맨 부분에 젓가락을 대고 누르면서 안쪽으로 집어넣습니다.

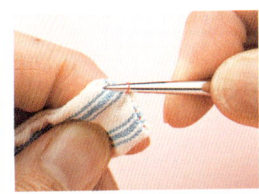

3 천이 다 뒤집어지면 1에서 꿰맸던 부분을 송곳 등을 이용해 실을 풀어준 후, 다리미로 손잡이 모양을 잡습니다.

Lesson2

손잡이 다는 법

Q 가방에 두꺼운 손잡이를 박음질로 달려면 어떻게 해야 하나요?

A 시침핀으로 고정하려고 해도 바늘이 구부러져서 고정하기 어렵죠. 이럴 때는 바로 박음질하지 말고 재봉틀로 임시 고정해주면 박음질 하기 쉽습니다.

1 달아줄 위치의 아랫부분을 재봉틀로 박아줍니다.

2 1을 위로 접어줍니다. 다리미로 잘 다려지지 않는 경우에는 나무망치로 두드려줘도 좋습니다.

3 박음질하면 완성입니다.

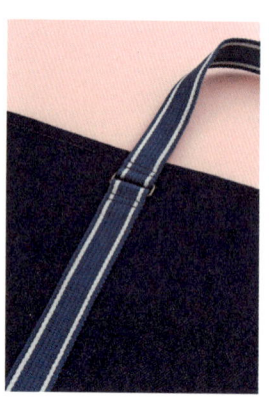

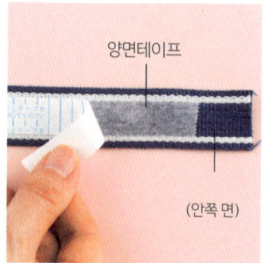

겉감 전체에 손잡이를 둘러서 가방에 붙이고 싶을 때는 접착력이 강한 공예용 양면테이프로 임시 고정을 해줍니다. 손잡이 중앙 부분과 재봉선이 지나가지 않는 부분에 양면테이프를 붙여서 겉감에 고정하고 끝부분을 박음질한 후, 테이프를 떼어냅니다. 반대쪽도 똑같은 방법으로 달아줍니다.

Q 예쁘면서도 튼튼하게 달 수 있는 방법은 없나요?

A 가장 흔히 볼 수 있는 디자인은 사각형 안에 X가 그려진 박음질입니다. 어떤 박음질 방법이든 아래쪽부터 박음질을 시작하면 손잡이가 잘 어긋나지 않으며, 위아래 부분을 이중으로 박음질하면 단단하게 고정할 수 있습니다. 그 외에도 여러 박음질 방법이 있습니다(아래쪽 사진). 아래쪽 그림처럼 모두 한 번에 박음질할 수 있습니다.

박음질 시작 부분

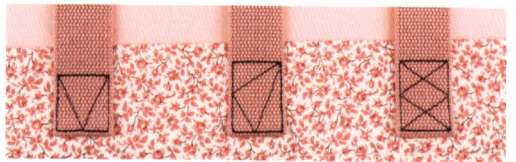

박음질은 모두 아래쪽부터 시작하고, 시작 부분으로 다시 돌아와서 마무리합니다.

  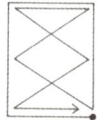

Q 두꺼운 손잡이를 천 사이에 끼워서 박음질했더니, 겉감과 안감 치수가 맞지 않아요.

A 손잡이 두께로 인해 약간의 높낮이 차이가 생겨 천이 제자리로 돌아가지 않기 때문입니다. 시침핀으로 잘 고정한 후, 양손으로 천을 팽팽하게 고정하여 꿰매줍니다. 이때 손잡이를 임시로 고정한 천을 위쪽으로 해서 박아야 바느질 모양이 쉽게 어긋나지 않습니다. 손잡이를 임시 고정한 쪽의 천을 아래쪽으로 하여 박으면, 위쪽 천이 딸려 올라가는 모양이 되니 주의하세요.

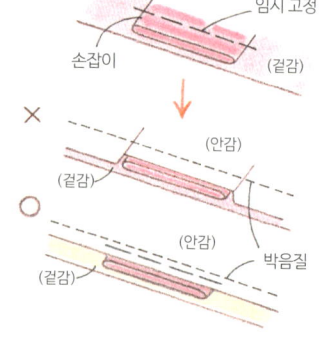

천 2장을 겹쳐서 만드는 가방

천 2장을 겹쳐서 만드는 가방 → 실물 크기 패턴지 A면

보기에는 쉬워 보이지만,
손잡이나 주름 등의 세세한 부분을 신경 써서 만들어야 합니다.
서로 다른 천을 조합해서 색다른 느낌을 연출할 수 있습니다.

겉감은 약간 두꺼운 무지를 사용, 손잡이 안쪽 면과 안단, 그리고 주름 안쪽 부분에는 겉감보다 약간 얇고 무늬가 있는 천을 사용했습니다.

손잡이의 천 2장은 폭을 서로 다르게 하면, 무늬가 눈에 잘 띄어 디자인 포인트로 연출할 수 있습니다. 가방에 물건을 넣으면 주름이 벌어져 안쪽 무늬가 잘 보입니다.

Lesson2

만드는 방법 *천과 실은 알아보기 쉽도록 다른 색을 사용했습니다.

재료
겉감(a, c, 바닥, 입구 부분 천, 손잡이 A) 70×35cm
겉감(b, 손잡이 B, 안단) 60×35cm

완성 크기
가로 23cm × 세로 25cm(손잡이 길이 미포함)

재단 배치도(자세한 치수는 97쪽에 있습니다)

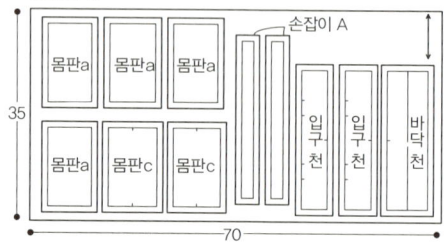

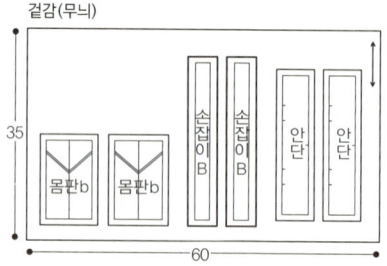

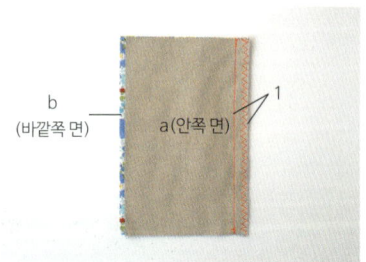

1 a와 b를 안쪽 면이 보이도록 맞붙여서 박음질한 후, 천 2장의 테두리를 같이 박습니다.

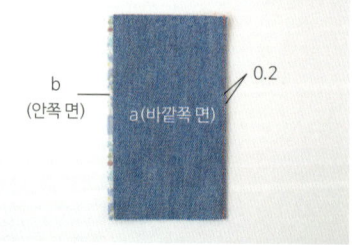

2 천 바깥쪽 면이 보이도록 뒤집은 후, 다리미로 다려서 박음질합니다.

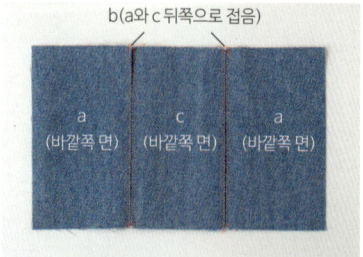

3 1, 2와 같이 만든 다음 a→b→c→b→a 순서대로 천을 연결한 후, b가 뒤로 가게 접어서 다리미로 다립니다.

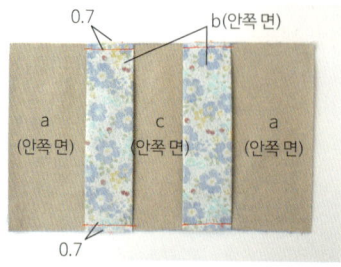

4 안쪽 면에서 본 모습입니다. b의 위아래쪽 시접을 박음질로 임시 고정합니다.

5 반대쪽도 똑같이 만든 후, 바닥 부분과 맞붙여 같이 박음질하여 테두리를 감침질해 주고, 시접을 바닥 쪽으로 눕혀서 겉에서 박음질합니다.

16

천 2장을 겹쳐서 만드는 가방

6 안쪽 면이 보이도록 접어서 양쪽 측면을 꿰맨 후, 2장의 테두리를 같이 감침질합니다.

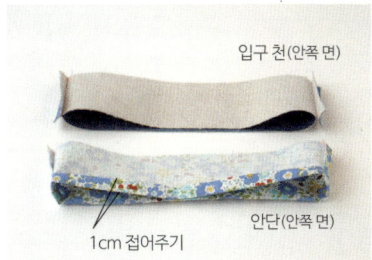

7 입구와 안단을 각각 안쪽 면이 보이도록 맞붙인 후, 양쪽 측면을 꿰매서 고리 형태를 만듭니다. 시접은 다리미로 눌러 양쪽으로 눕힙니다. 안감만 한쪽 시접을 접어서 다리미로 눌러줍니다.

8 손잡이를 만듭니다. 손잡이 A, B를 각각 만든 후, 다리미로 접어서 눌러줍니다.

9 손잡이 A, B를 중심에 맞춰 겹칩니다.

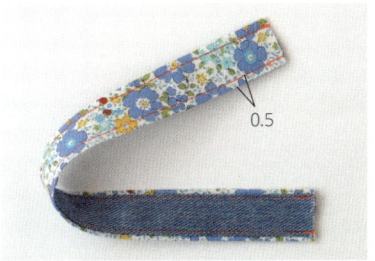

10 손잡이 양쪽 측면에 박음질합니다. 남은 손잡이도 똑같이 만듭니다.

11 몸판과 입구 천을 안쪽 면이 보이도록 맞붙여서 같이 꿰맵니다.

12 시접을 입구 천 쪽으로 빼내서 손잡이를 임시로 고정합니다.

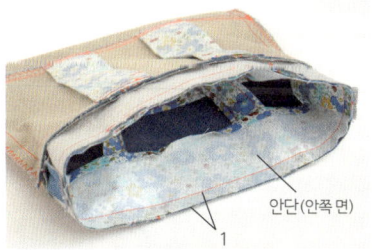

13 입구 천과 안단을 안쪽 면이 보이도록 맞붙여서 가방 입구를 꿰맵니다.

14 안단 안쪽 면이 보이도록 뒤집어서 가방 입구 부분을 다리미로 다립니다.

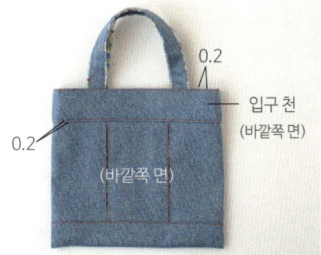

15 입구 천의 위아래 부분에 박음질한 후, 가방 바깥쪽 면이 보이도록 뒤집습니다.

Lesson3

집어서 옆판 만들기

옆판

가방에 입체감을 주며, 가방에 넣은 물건을 안정감 있게 보관하는 역할을 합니다.
가방 모양을 결정짓는 중요한 부분이므로,
옆판의 종류를 알아두면 다양한 모양의 가방을 만들 수 있습니다.

›› 종류와 만드는 방법에 대해 알아봅니다.

집어서 만드는 방법

몸판을 반으로 접은 후, 옆판을 집어서 꿰매는 가장 보편적인 방법.
옆판 폭 길이에 따라 시접을 자른 후에 꿰매기도 합니다.

몸판 측면 부분을 꿰맨 후에 측면 부분과 바닥 중앙을 맞춰서 삼각형으로 집어서 꿰매줍니다. 얇은 천으로 만들거나, 작은 가방을 만들 때 적합한 방법입니다. 삼각형 모양의 시접이 가방 바닥 부분을 튼튼하게 지지합니다.

두 방법 모두 똑같은 모양의 가방이 만들어집니다.

폭이 넓은 옆판은 삼각형으로 집어서 꿰매면 어긋나기 쉬우므로, 미리 시접이 남는 부분을 잘라서 꿰매면 어긋나지 않게 옆판을 만들 수 있습니다.

접어서 만드는 방법

몸판을 반으로 접은 후, 옆판 부분도 접어서 양쪽 측면을 꿰매는 간단한 방법.
접는 방법에 따라서 모양이 달라집니다.

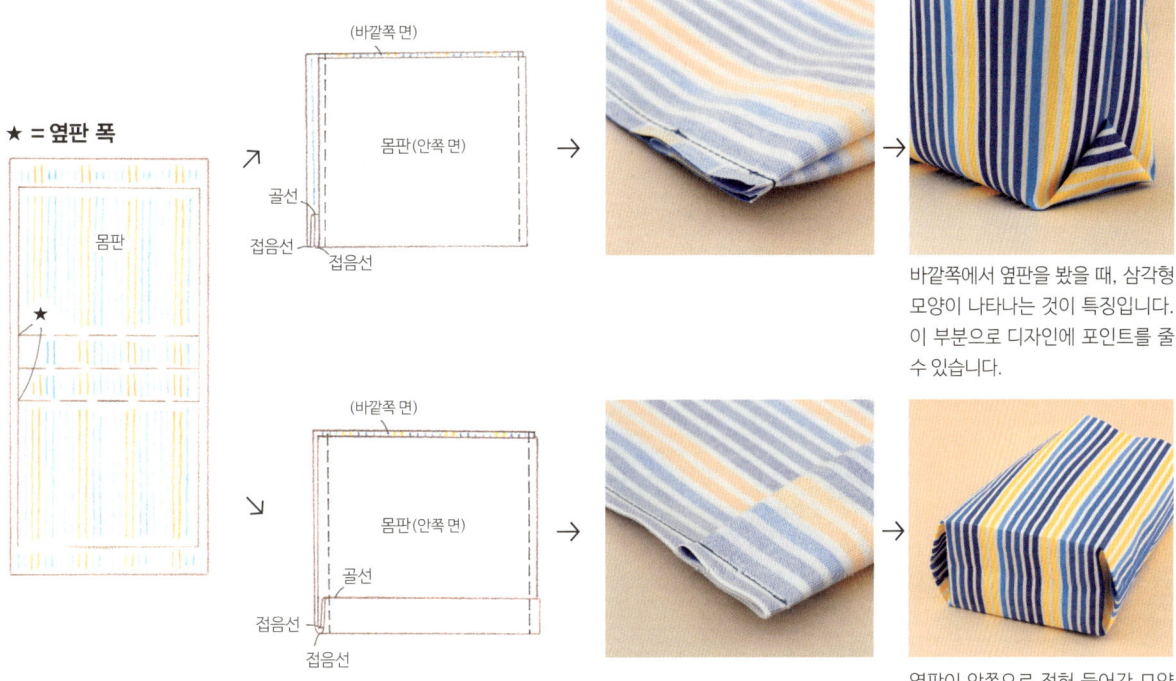

바깥쪽에서 옆판을 봤을 때, 삼각형 모양이 나타나는 것이 특징입니다. 이 부분으로 디자인에 포인트를 줄 수 있습니다.

옆판이 안쪽으로 접혀 들어간 모양이 됩니다. 바닥 면을 안쪽으로 집어 넣으면 가방이 납작해지므로(아래쪽 그림), 휴대용 보조가방으로 사용하기 편리합니다.

Q | 퀼트 천으로 만들면 옆판에 주름이 잡혀요.

A | 퀼트 심을 끼운 천 2장을 같이 꿰매면 천이 서로 어긋나기 쉽고, 주름도 잘 생깁니다. 재단 후에 올이 풀리지 않도록 재단선에 맞춰 박음질해두는데, 이때 마감선 근처에 한 번 더 박음질해서 위아래 천을 고정하면 쉽게 어긋나지 않습니다.

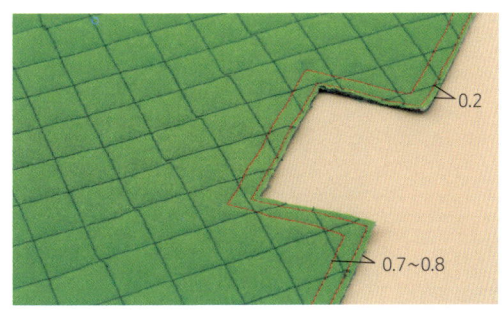

재단선에서 0.2cm 떨어진 위치에 박음질한 후, 다시 재단선에서 0.7~0.8cm 떨어진 위치에 똑같은 방법으로 박음질합니다(시접이 1cm일 경우의 예).

Lesson3

천을 잇대서
옆판 만들기

천을 잇대서 만드는 방법

옆판을 몸판과 통으로 만드는 것이 아니라, 따로 재단해서 덧붙이는 방법.
폭이 똑같은 천을 잇대도 아래쪽 모양을 바꿔주면, 전혀 다른 느낌의 가방을 만들 수 있습니다.

★ = 옆판 폭

안쪽 면

바깥쪽 면

바닥을 네모나게 재단하면 딱 떨어지는 듯한 인상을 주어 단정한 느낌으로 연출할 수 있습니다. 단단한 천을 사용하면 더욱 효과적입니다.

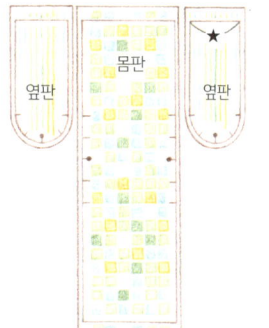

안쪽

바깥쪽

바닥을 둥글게 재단하면 부드럽고 귀여운 느낌으로 연출할 수 있습니다.

Q 옆판의 각진 부분을 깔끔하게 처리하기 어려워요.

A 각진 부분이 어긋나면 가방 모양이 찌그러질 수도 있습니다. 한 번에 꿰매지 말고 먼저 한쪽 바닥 면을 꿰맨 후, 각진 위치를 잘 맞춰서 남은 부분을 꿰매줍니다. 얇은 천이 더 쉽게 어긋나며 찌그러진 것이 눈에 잘 띄니 집중해서 꿰매줍니다.

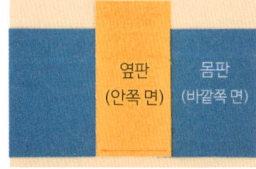

1 옆판과 몸판을 안쪽 면이 보이도록 맞붙인 후, 옆판(여기에서는 노란색 천)에 바닥 쪽 마감선을 따라 박음질합니다.

2 1을 뒤집어서 몸판 측면(파란색 천) 시접에만 가위집을 내줍니다. 박음질한 실이 잘리지 않도록 기본적으로 박음질된 실의 1~2땀 정도 여유를 두고 가위집을 내줍니다.

3 몸판 측면과 옆판 측면을 안쪽 면이 보이도록 맞붙인 후, 시침핀으로 고정합니다.

4 이번에는 가위집을 낸 몸판 측면(파란색 천)을 위로 두고 박음질합니다. 천이 밀리지 않도록 각진 부분의 위치를 잘 맞춰서 꿰맵니다.

5 반대쪽도 똑같이 가위집을 넣은 후 박음질합니다.

6 가방 바깥쪽 면이 보이도록 뒤집어준 모양입니다. 몸판과 옆판의 각진 부분이 잘 맞으면 깔끔하게 가방 모양이 잡힙니다.

통으로 붙여서 만드는 방법

가방 양쪽 측면과 바닥이 통으로 이어진 천을 다는 방법.
몸판으로 가방 모양을 유지할 수 있어서, 안정적인 형태의 가방을 만들 수 있습니다.

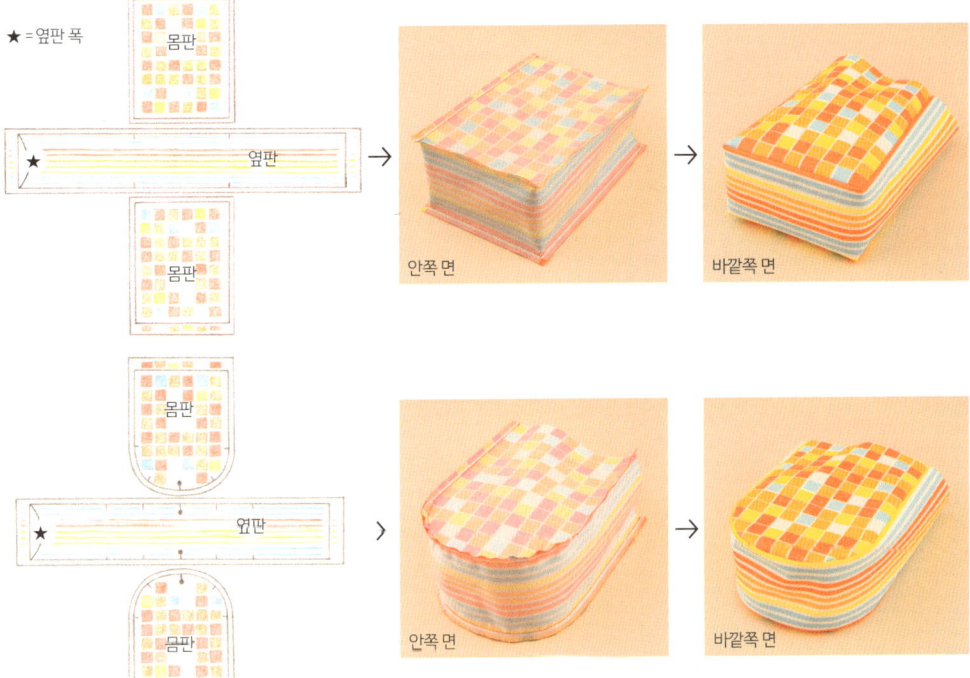

옆판을 잇대서 붙인 방법과는 몸판과 옆판의 관계가 정반대의 구성을 띠고 있음을 알 수 있습니다. 테두리 부분을 눈에 띄게 만드는 방법입니다.

몸판 모양에 따라 전체적인 가방 디자인이 달라집니다. 둥근 부분을 어떻게 만드느냐에 따라 가방 분위기가 바뀌고, 디자인 폭도 다양해집니다.

Q 시접은 어떻게 처리하나요?

A 안감을 덧댈 때는 시접을 따로 처리할 필요가 없습니다. 천 1장으로 가방을 만들 때는 감침질로 간단히 처리할 수 있는데, 바이어스 테이프로 감싸서 마무리하면 가방 모양을 더 단단히 잡아줘서 완성도 있는 가방이 됩니다.

바이어스 테이프로 감싸기

훨씬 완성도 있는 가방을 만들 수 있습니다. 무늬가 있는 테이프 또는 몸판과 색이 다른 테이프를 사용하면, 시접 마무리만으로도 디자인에 포인트를 줄 수 있습니다.

감침질하기

지그재그 또는 오버로크로 감침질만 해주면 되는데, 올이 잘 풀리는 천에는 적합하지 않은 방법입니다. 시접 2장을 같이 감침질하면 더욱 단단하게 완성됩니다.

Lesson3

옆판 마무리

>> 가방 입구를 만드는 방법에는 2가지가 있습니다.

1 옆판을 연결한 후, 위를 안쪽으로 접어서 마무리한다.

2 가방 입구를 마무리한 후, 옆판 시접을 마무리한다.

 →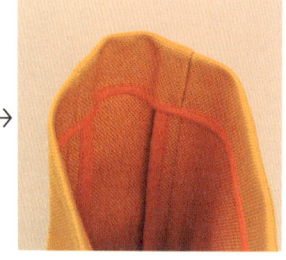

위를 안쪽으로 접으면, 옆판과 몸판 시접이 가려져서 깔끔하게 마무리할 수 있습니다. 시접을 같은 방향으로 눕힌 채로 위를 접어 넣으면 해당 부분이 두꺼워지기도 하는데, 그럴 때는 접어 넣는 윗부분의 안쪽 시접만 양옆으로 눕혀주면 해결할 수 있습니다(왼쪽 그림).

옆판과 몸판 입구 부분을 마무리한 후, 옆판의 측면 시접을 마무리해줍니다. 가방 입구 부분까지 옆판의 형태가 잘 잡히는 것이 특징입니다. 만들고 싶은 모양에 맞춰서 가방 입구를 마무리합니다.

Q 곡선 부분을 깔끔하게 박음질하는 방법을 알려주세요.

A 먼저 표시에 잘 맞춰서 시침핀으로 고정합니다. 곡선 부분에 옆판을 맞추기 힘들 때는 시접에 가위집을 냅니다. 곡선 부분이 짧을수록 꿰매기 힘드니, 그럴 때는 시접 폭을 조금 좁히면 (0.7cm) 맞추기 쉽습니다.

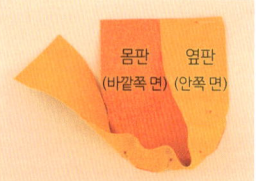

1 옆판과 몸판을 안쪽 면끼리 맞춰서 맞붙는 부분에 시침핀으로 고정합니다.

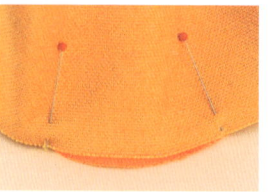

2 그림과 같이 천 끝부분이 어긋날 때는 가위집을 냅니다.

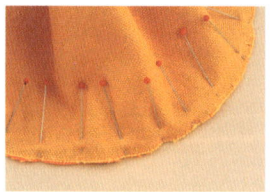

3 가위집은 시접 폭의 반 정도 길이만큼만 냅니다. 시접 간격은 0.5cm를 기준으로 합니다. 시접 간격이 좁을수록 곡선을 깔끔하게 꿰맬 수 있습니다.

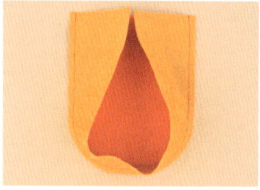

4 옆판과 몸판을 다 꿰맨 모습입니다.

5 옆판이 곡선에 딱 맞아 들어간 모습입니다.

6 가방 바깥쪽 면이 보이도록 뒤집어 준 모습입니다. 시접에 가위집을 내면 바닥이 찌그러질 수도 있으므로, 시접 2장을 동시에 바이어스 테이프로 싸서 보강합니다.

옆판을 잇대서 만드는 가방 → 실물 크기 패턴지 A면

옆판을 잇대서 만들면, 옆판 자체 모양을 사각형 이외에 다양한 모양을 고안해낼 수 있고, 옆판과 함께 천을 끼워 넣기만 해도 손쉽게 주머니를 달 수 있습니다. 사진 속 가방은 상큼한 분위기의 래미네이트 가공 천을 사용하였습니다.

옆판에는 다른 무늬의 소재를 이용하여 디자인에 포인트를 준 한손잡이 가방입니다.

옆판을 아랫부분이 둥글고 귀여운 모양으로 만들었습니다. 옆판 위에 턱으로 주름을 잡아 입체감을 주고, 주머니를 달아 편의성을 추구했습니다.

Lesson3

만드는 방법 *천과 실은 알아보기 쉽도록 다른 색을 사용했습니다.

재료
겉감(몸판, 손잡이 B) 35×55cm
겉감(옆판, 주머니, 손잡이 A) 40×40cm
바이어스 테이프(양쪽에서 접었을 때 폭이 12.7mm인 테이프) 55cm
펠트(또는 접착 심) 25×10cm

완성 크기
가로 23cm×세로 25cm(손잡이 길이 미포함)

✢ 제작 시 주의사항
래미네이트 가공 천은 열에 약해서 다리미로 다리면 안 됩니다. 따라서 래미네이트 가공 천 가방 입구에는 접착 심을 사용하지 않고 펠트로 보강합니다. 저온으로 접착할 수 있는 심이 있을 경우 그 심을 써도 됩니다. 래미네이트 가공 천 이외의 소재로 만들 때는 일반 접착 심을 다리미로 붙여도 됩니다.

재단 배치도(자세한 치수는 98쪽에 있습니다)

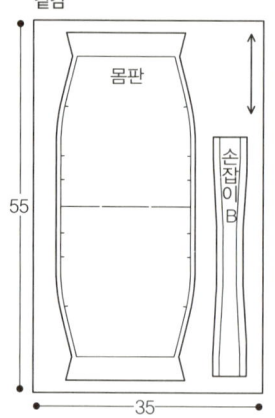
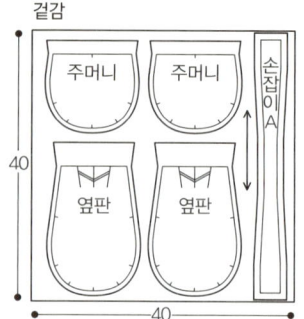

1 몸판의 가방 입구 시접에 펠트를 박음질로 달아주면, 부드러우면서도 도톰해져서 가방 입구가 단단해집니다. 다리미로 다릴 수 있는 천이라면 접착 심을 사용해도 됩니다.

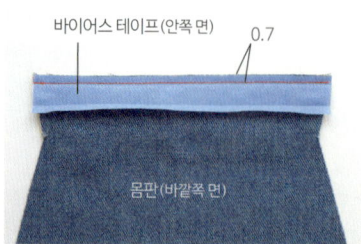

2 시접 재단선 쪽에 바이어스 테이프의 안쪽 면을 보이도록 올려서 같이 박음질해 줍니다.

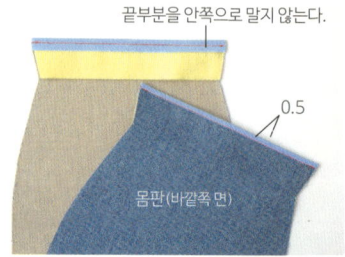

3 바이어스 테이프를 재단선을 감싸듯이 겉감 안쪽으로 접은 후, 몸판 바깥쪽 면이 보이는 쪽에서 바이어스 테이프를 다시 한 번 꿰 맵니다.

옆판을 잇대서 만드는 가방

4 가방 입구를 마감선을 따라 접은 후, 박음질합니다.

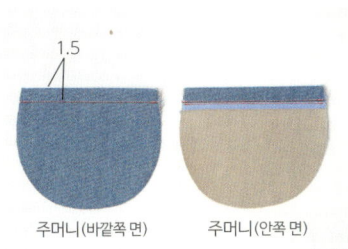

5 주머니 입구를 가방 입구와 같은 방식으로 박음질해서 마무리합니다.

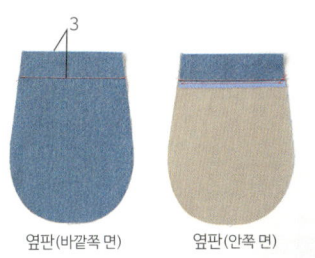

6 옆판 위 부분을 몸판 가방 입구와 같은 방식으로 박음질해서 마무리합니다.

7 손잡이 A, B를 각각 재단 도면에 표시된 마감선을 따라 안쪽으로 접은 후 다리미로 다립니다.

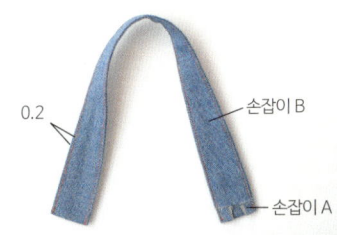

8 손잡이 A, B를 바깥쪽 면이 보이게 맞붙여서 같이 꿰맵니다.

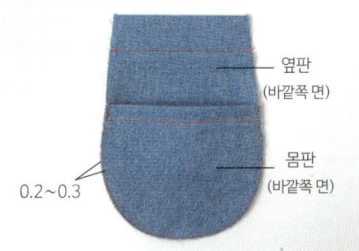

9 옆판에 주머니를 덧댄 후, 테두리를 시침질합니다.

10 옆판을 안쪽 면이 보이도록 접어서 주름을 잡아 박음질합니다. 반대쪽 옆판도 똑같이 만듭니다.

11 옆판에 손잡이를 달아줍니다. 손잡이 다는 방법은 14쪽 참조.

12 몸판과 옆판을 맞붙여서 박음질합니다. 곡선 부분은 어긋나기 쉬우니, 시침핀으로 고정한 후 박음질해줍니다. 시침핀이 불안정할 때는 시침질을 해줍니다.

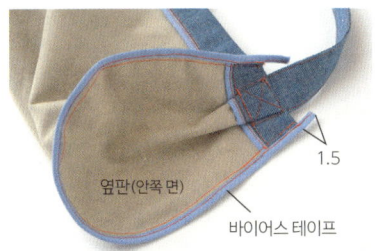

13 몸판과 옆판의 시접을 바이어스 테이프로 마무리합니다(43쪽 참조). 바이어스 테이프는 양쪽 끝에 1.5cm 정도는 남겨두고 박음질합니다.

14 바이어스 테이프 끝단을 안쪽으로 접어줍니다.

15 시접을 옆판 쪽으로 눕힌 후, 바깥쪽 면에서 박음질합니다.

Lesson 4

지퍼 - 1

가방 입구

가방 입구를 열린 채로 두는 것도 좋지만, 지퍼나 단추를 달아 잠그면 안전하게 들고 다닐 수 있습니다. 지퍼 외에도 '가방 입구를 잠글 수 있는 아이템'을 소개합니다.

≫ 지퍼를 다는 2가지 방법을 익혀봅니다.

1 (지퍼 이빨을 보이되) 테이프를 안 보이게 다는 방법

가방 입구에 지퍼 테이프를 덧대서 박음질하는 일반적인 방법.
재봉틀을 사용할 때는 재봉틀 노루발을 '지퍼용 노루발'로 교체해주는 것이 핵심입니다.
손으로 박음질할 경우는 지퍼 위치가 틀어지지 않도록 하는 것이 중요합니다.
※ 노루발: 재봉틀에서 바늘이 오르내릴 때 바느질감을 눌러주는 두 갈래로 갈라진 부속. 용도에 따라 다양한 종류의 노루발이 있다.

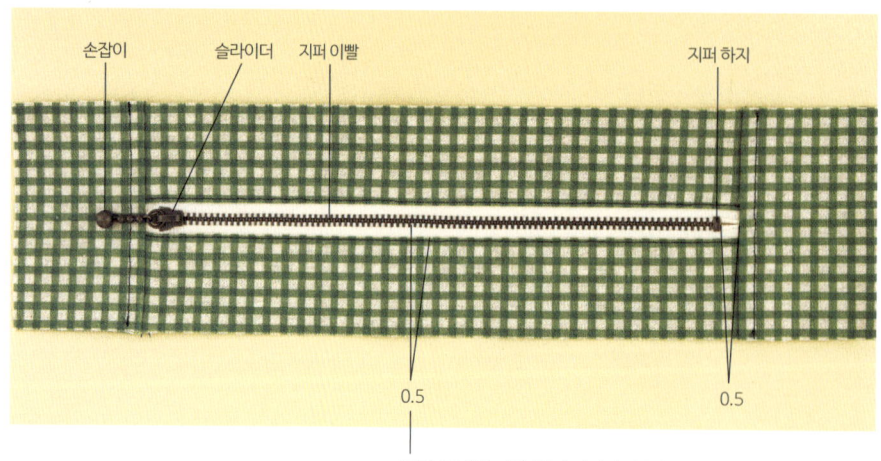

지퍼 크기에 따라 달라지지만, 일반적으로 이빨 중심에서 0.5cm 떨어진 곳이 기준이 됩니다. 슬라이더가 원활하게 지나갈 수 있는 폭이어야 합니다.

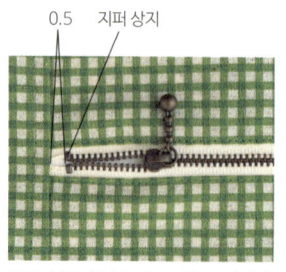

지퍼 상지에서 0.5cm 정도 간격을 유지하는 것이 가장 안정적입니다.

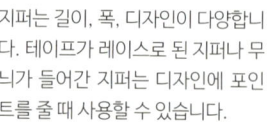

지퍼는 길이, 폭, 디자인이 다양합니다. 테이프가 레이스로 된 지퍼나 무늬가 들어간 지퍼는 디자인에 포인트를 줄 때 사용할 수 있습니다.

1 지퍼를 달아줄 위치에 늘어짐 방지 테이프를 붙여서 재봉틀로 테두리를 감침질합니다.

2 박음질이 어긋나지 않도록 천과 지퍼에 표시합니다.

3 시접을 접은 후, 표시한 부분에 맞춰서 지퍼 위에 천을 올립니다. 이빨 중심에서 0.5cm 떨어진 위치에 시접이 접힌 부분이 오도록 맞춥니다.

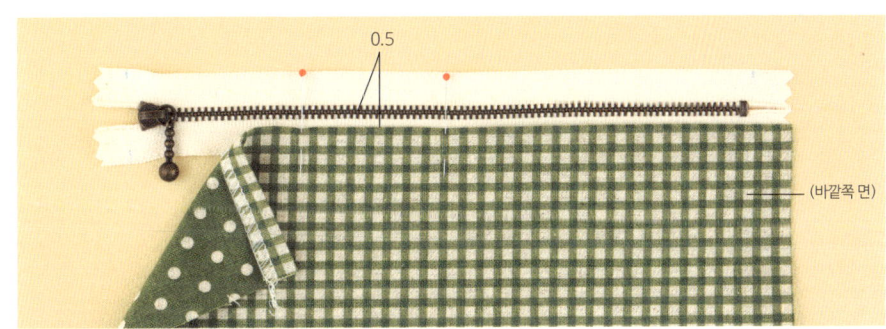

4 시접이 접힌 부분을 재봉틀로 박음질합니다. 재봉틀 노루발을 지퍼용 노루발로 교체하면 지퍼 이빨을 피해 박음질할 수 있습니다. 반대쪽도 똑같은 방법으로 박음질합니다.

지퍼용 노루발은 지퍼를 달 때 꼭 필요한 부품입니다. 보통 재봉틀 부속품에 포함되어 있습니다.

Lesson4 지퍼-2

2 테이프를 보이게 다는 방법

테이프에 인쇄된 무늬나 레이스 등, 지퍼에 들어간 디자인을 살리는 방법.
가방 입구 천과 지퍼를 함께 박음질합니다.

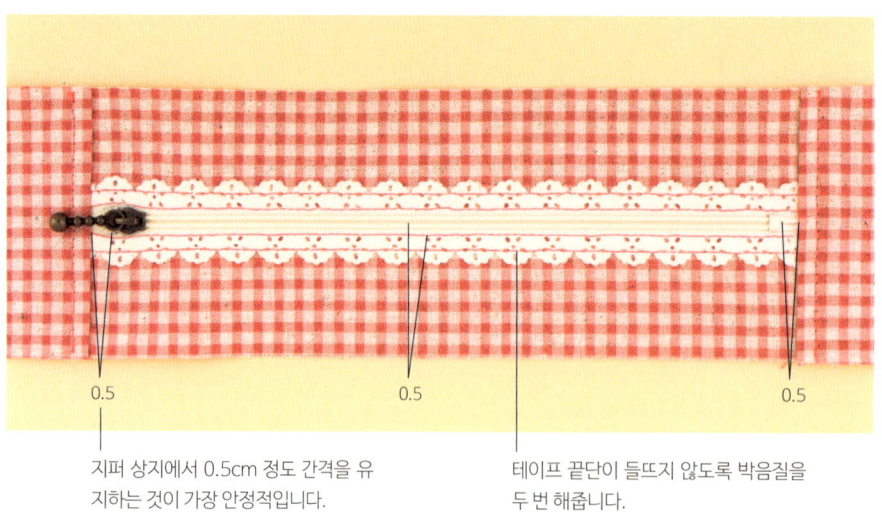

지퍼 상지에서 0.5cm 정도 간격을 유지하는 것이 가장 안정적입니다.

테이프 끝단이 들뜨지 않도록 박음질을 두 번 해줍니다.

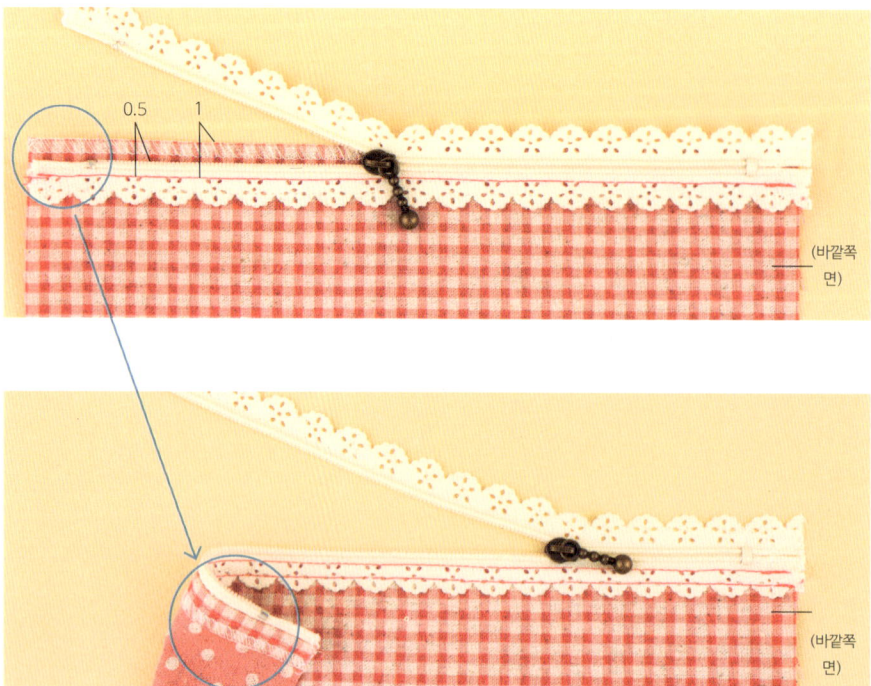

1 '테이프를 안 보이게 다는 방법'처럼 가방 입구 쪽에 늘어짐 방지 테이프를 붙인 후, 재봉틀로 감침질합니다. 표시한 위치에 맞춰 지퍼를 박음질합니다(시접이 1cm일 경우).

2 시접을 안쪽으로 접은 후, 테이프 끝단 쪽을 다시 한 번 박음질합니다.

안감을 덧댈 때의
지퍼 처리 방법

안감을 덧댈 때는…

1 겉감 바깥쪽 면에 지퍼 안쪽 면이 보이도록 올려준 후, 임시로 고정합니다. 안감 안쪽 면이 보이도록 겹친 후, 시침핀으로 고정합니다.

2 겉감, 지퍼, 안감을 동시에 꿰맵니다(시접이 1cm일 경우).

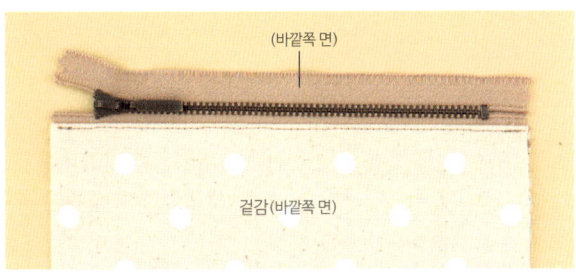

3 바깥쪽 면이 보이도록 뒤집은 후, 가방 입구 쪽 테두리를 박음질합니다. 반대쪽도 똑같이 박아줍니다.

Q 지퍼 끝단을 깔끔하게 마무리하고 싶어요.

A 옆판이 없는 납작한 가방이나 파우치의 경우, 양쪽 끝에 남는 테이프 부분이 깔끔히 처리되지 않을 때도 있습니다. 측면 시접에 닿지 않도록 접어서 박음질하면 깔끔하게 마무리할 수 있습니다.

1 지퍼 테이프 끝을 접어서 시침질한 후, 바깥쪽에서 테이프를 겉감과 함께 박음질합니다.

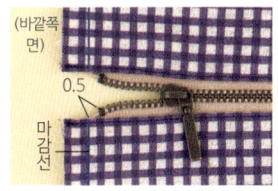

지퍼 상지, 하지 양쪽 모두 마감선에서 0.5cm 정도 띄어줘야 합니다.

2 천의 안쪽 면이 보이도록 맞붙여서 측면 부분을 박음질해줍니다.

3 바깥쪽 면이 보이도록 뒤집어주면 완성입니다.

Lesson4

자석단추

자석단추

자석단추를 이용해서 손쉽게 가방의 완성도를 높일 수 있습니다.
고정하는 방법은 박음질로 고정하는 방법과 끼워서 고정하는 방법이 있습니다.

가방 몸판에 단다.

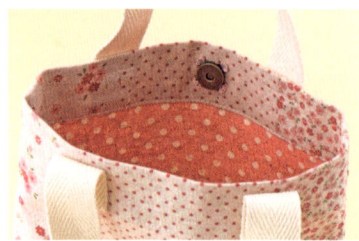

안단 부분이나 안감에 직접 꿰매어 달아줍니다.

천을 덧대서 단다.

천이나 테이프 등에 자석단추를 단 후, 그것을 몸판에 꿰매어 달아줍니다. 구멍을 뚫어서 끼우는 타입의 자석단추는 잘못된 위치에 달더라도 간편하게 고쳐 달 수 있는 장점이 있습니다.

탭에 단다.

테이프나 천으로 만든 탭에 달아줍니다. 가방 입구를 빈틈없이 딱 맞게 닫는 것이 아니라, 가방 입구에 여유 공간이 생기도록 닫고 싶을 때 사용하면 좋습니다.

끼우는 타입 꿰매지 않아도 되고, 실이 보이지 않아 깔끔하게 마무리할 수 있습니다.

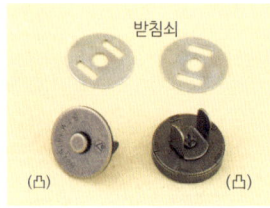
(받침쇠, (凹), (凸))

1 가위집을 내야 하므로 천을 보강하고 올 풀림을 방지하기 위해 접착 심을 붙입니다. 받침쇠를 대고 튀어나온 발을 통과시킬 위치를 표시하여 가위집을 내줍니다.

2 바깥쪽 면에서 다리를 통과시킨 후, 받침쇠를 끼워서 다리를 안쪽(또는 바깥쪽)으로 구부려 줍니다.

(바깥쪽 면)

3 완성된 모습입니다. 반대쪽 자석단추도 똑같은 방법으로 달아줍니다.

꿰매는 타입 가방을 완성한 후에 달 수 있으며, 실 색상을 달리해서 디자인에 포인트를 줄 수 있습니다.

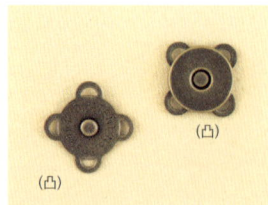
((凹), (凸))

1 똑딱단추를 달아줄 때와 같은 방법으로 달아줍니다. 실을 빼면서 생긴 고리 부분에 바늘을 통과시켜줍니다.

2 한 땀마다 통과시킨 실을 잡아당겨 주는 작업을 반복합니다.

3 완성된 모습입니다. 반대쪽 자석단추도 똑같은 방법으로 달아줍니다.

단추+고리

단추+고리

단추를 구멍에 채우는 것이 아니라, 고리를 만들어서 단추를 채웁니다.
고리가 빠지지 않도록 고리에 맞는 단추를 답니다.

실로 만든 고리

단추를 다는 실이나 자수 실, 털실 등을 엮어서 만듭니다.

끈으로 만든 고리

시중에서 판매하는 끈을 사용하는 가장 간편한 방법입니다. 쓰다 남은 끈을 활용하면 좋습니다.

천으로 만드는 고리

천을 박음질해서 단단한 고리를 만들 수 있습니다. 가방 몸판과 같은 천으로 만들면 더 잘 어울립니다.

실로 고리를 엮는 방법

1 천을 통과시켜 고리를 만들어줍니다.

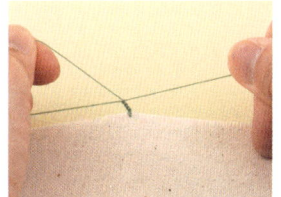

2 실을 고리 속으로 통과시켜 양쪽으로 잡아당겨서 묶습니다. 사슬뜨기를 하듯 이 작업을 반복해줍니다.

3 이 작업을 몇 번 반복했을 때의 모습입니다. 원하는 길이가 되면 고리에 바늘을 통과시켜 매듭을 짓고, 그 상태로 천에 통과시켜 고리를 고정합니다.

단추를 다는 방법

1 실 다리는 고리를 끼울 수 있을 정도의 길이가 돼야 하므로, 단추를 천에서 살짝 띄운다는 느낌으로 실을 통과시킵니다.

2 실을 감아서 실 다리를 만들어줍니다. 고리의 두께에 맞춰 실 다리의 길이를 조정해줍니다.

천으로 고리를 만드는 방법

천의 안쪽 면이 보이도록 대각선으로 접어서 0.6~0.7cm 폭으로 꿰맨 후 잘라줍니다. 고리를 바늘과 실 등을 사용하여 바깥쪽 면이 보이도록 뒤집습니다(13쪽 참조).

Lesson4

휴대용 화장품 가방 → 실물 크기 패턴지 B면

지퍼 2개를 사용해서
사용하기 편리한 원통형 모양의
휴대용 화장품 가방을 만들 수 있습니다.
손가방으로도 사용할 수 있습니다.

원통형 곡선 부분에 지퍼가 달렸지만, 달아줄 때는 직선으로 달아줍니다. 슬라이더가 2개 달린 지퍼 대신에 지퍼 2개를 사용해서 양쪽으로 열 수 있게 만들었습니다.

겉감은 조금 뻣뻣한 면을, 안감은 귀여운 꽃무늬가 그려진 천을 사용했습니다. 시접은 바이어스 테이프로 깔끔하게 처리했습니다.

휴대용 화장품 가방

만드는 방법
*천과 실은 알아보기 쉽도록 다른 색을 사용했습니다.

재료
겉감 85×25cm
안감 85×25cm
접착 퀼트 심 35×20cm
지퍼 20cm 2개
바이어스 테이프(양쪽에서 접었을 때
폭이 12.7mm인 테이프) 95cm
손잡이용 테이프(폭 2cm) 60cm

완성 크기
지름 약 14cm×높이 14cm(손잡이 길이 미포함)

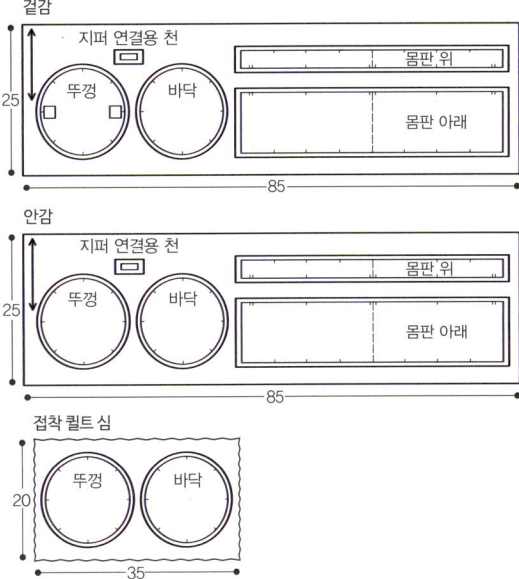

재단 배치도
(자세한 치수는 99쪽에 있습니다)

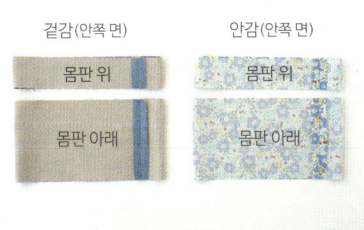

1 몸판을 안쪽 면이 보이도록 천을 맞붙인 후, 양쪽 천 끝부분을 박음질하여 고리를 만듭니다. 겉감과 안감으로 각각 몸판 위, 몸판 아래를 똑같이 만들어줍니다.

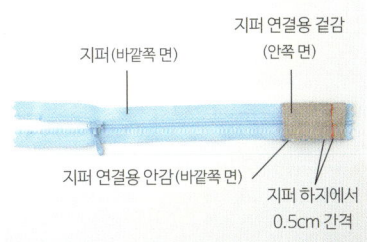

2 지퍼 2개를 지퍼 연결용 천으로 이어줍니다. 먼저 1개 지퍼의 하지 쪽에 지퍼를 사이에 두고 지퍼 연결용 겉감과 안감의 안쪽 면이 보이도록 맞붙인 후 꿰맵니다.

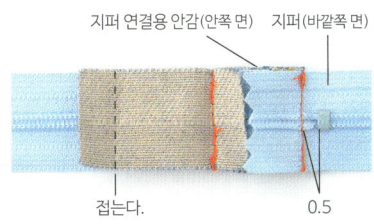

3 지퍼 연결용 안감에 남은 1개의 지퍼를 지퍼 하지 쪽에 맞춰 꿰맵니다.

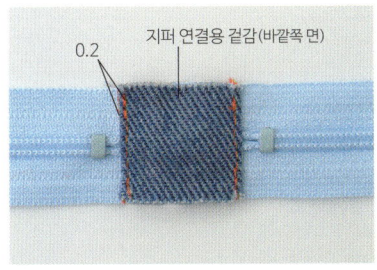

4 지퍼 연결용 겉감의 시접을 접은 후, 3에서 박아준 재봉선에 맞춰 박음질합니다.

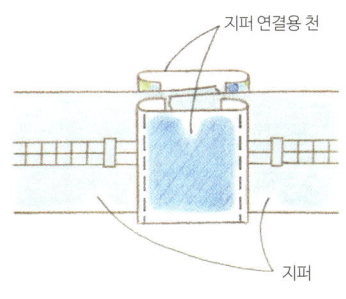

지퍼 연결용 천 2장으로 지퍼를 이어줍니다.

Lesson4

휴대용 화장품 가방

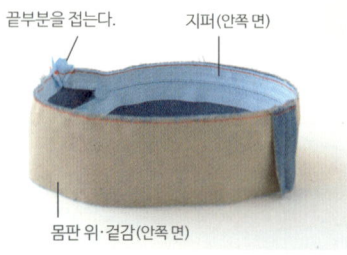

5 지퍼와 몸판 위 겉감을 안쪽 면이 보이도록 맞붙여서 임시로 시침질합니다.

지퍼 끝부분을 접어 올려서 시접 안쪽에 고정합니다.

6 5에서 몸판 위 안감이 안쪽 면이 보이도록 맞붙여서 박음질합니다.

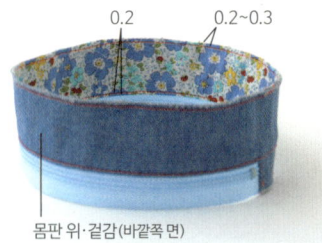

7 몸판 위 겉감과 안감을 바깥쪽 면이 보이도록 뒤집어서 박음질합니다. 뚜껑쪽 시접은 겉감과 안감 끝을 맞춰서 박음질합니다.

8 몸판 아래도 위와 똑같은 방법으로 지퍼를 연결합니다.

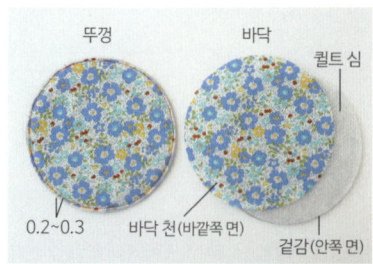

9 뚜껑을 만듭니다. 겉감은 안쪽 면에 접착 퀼트 심을 붙이고, 안감과 바깥쪽 면이 보이도록 맞붙여서 테두리를 재봉틀로 시침질합니다. 바닥도 똑같은 방법으로 만들어줍니다.

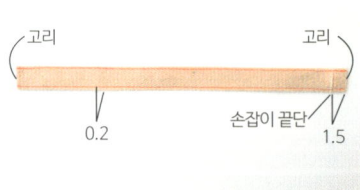

10 손잡이를 만듭니다. 테이프 끝단이 보이지 않도록 테이프를 접어서 고리처럼 만들고, 뚜껑에 박음질로 달아줄 때, 잘 맞춰서 달아줍니다.

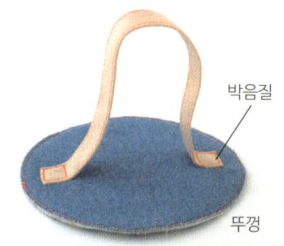

11 뚜껑에 손잡이를 달아줍니다.

12 몸판 위와 뚜껑을 안쪽 면이 보이도록 맞붙인 후 박음질합니다. 지퍼와 손잡이 방향이 표시한 부분과 잘 맞는지 확인한 후 박아줍니다.

13 몸판 아래와 바닥도 **12**와 같은 방법으로 박음질로 연결합니다. 이때 지퍼는 살짝 열어둡니다. 시접은 바이어스 테이프로 처리해줍니다(43쪽 참조).

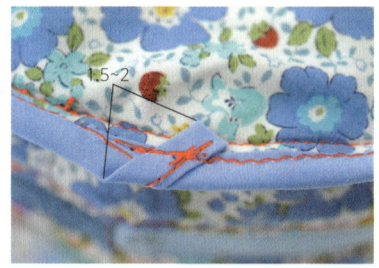

14 바이어스 테이프는 1.5~2cm 정도 박음질하지 말고 남겨서 마지막에 마무리할 때 위쪽으로 접어서 겹쳐준 후 박음질로 고정합니다.

15 아까 살짝 열어둔 지퍼 구멍을 이용해서 가방 바깥쪽 면이 나오도록 뒤집어서 모양을 잡아줍니다.

Lesson5

주머니 종류

주머니

주머니는 가방의 편의성을 결정짓는 부분이기도 합니다.
자기가 원하는 크기로 주머니를 달 수 있다는 점은
수제 가방만의 매력 중 하나입니다.

>> 서로 다른 다섯 종류의 주머니 만드는 법을 익혀봅니다.

A 납작 주머니
시접을 접어서 가방 바깥쪽에 박음질로 달아줍니다. 가장 손쉽게 만들 수 있는 납작한 형태의 주머니입니다.

B 별도 옆판 주머니
옆판을 무늬가 다른 천으로 덧대서 입체감 있는 주머니를 만들 수 있습니다. 천을 조합하는 재미도 있습니다. 스마트폰을 넣는 용도로 가방 입구 근처에 달아주면 편리합니다.

C 통 옆판 주머니
천 1장으로 입체감 있는 주머니를 만들 수 있습니다. 넣고 싶은 물건의 두께에 따라서 옆판 폭을 바꿀 수 있습니다. 덮개를 달면 완성도가 높아집니다.

D 안단 주머니
따로 만들어둔 주머니를 안단이나 가방 입구 시접 사이에 끼워서 달아줍니다. 안감 없이 한 장으로 만들 수 있는 안주머니입니다.

E 지퍼 안주머니
몸판 겉감에 가위집을 내서 안쪽에 주머니를 넣어 만들 수 있습니다. 열쇠 등 중요한 물건을 수납할 때 사용하면 편리합니다. 지퍼를 달아 디자인에 포인트를 줄 수도 있습니다.

Lesson5

납작 주머니
별도 옆판 주머니

A 납작 주머니

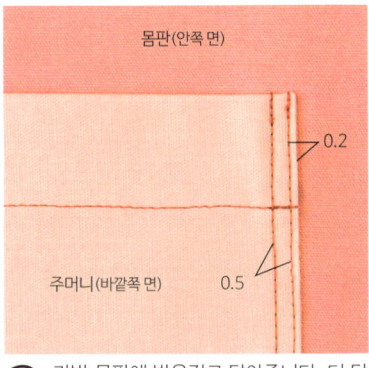

1 모든 테두리를 재봉틀로 감침질한 후, 주머니 입구 부분의 시접을 안쪽 면이 보이도록 맞붙이듯 접어서 양쪽 측면을 박음질합니다. 먼저 이렇게 주머니 입구 양쪽 끝을 처리해 두면 입구에서 시접이 보이지 않아서 깔끔하게 완성됩니다.

2 1에서 접었던 시접을 뒤집어서 주머니 입구 부분을 박음질합니다. 남은 세 면의 시접을 다리미로 다려서 접어줍니다.

3 가방 몸판에 박음질로 달아줍니다. 더 단단히 고정하기 위해서 두 줄로 박음질합니다.

B 별도 옆판 주머니

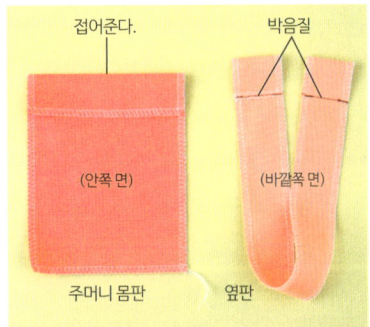
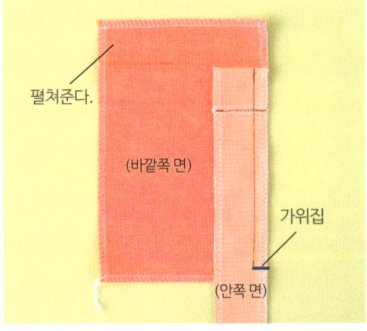
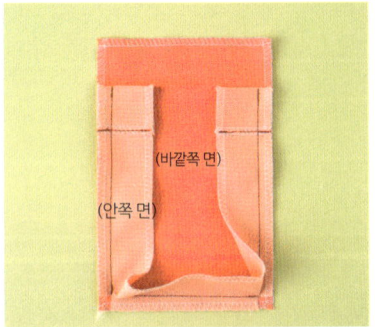

1 주머니 몸판과 옆판 테두리를 감침질한 후, 입구 부분에 시접을 다리미로 다려 접어줍니다. 옆판 입구 부분을 박음질합니다.

2 몸판과 옆판을 안쪽 면이 보이도록 맞붙인 후, 한쪽 면을 바닥 쪽 마감선까지 꿰맵니다. 그림과 같이 옆판에 가위집을 넣습니다.

3 마찬가지로 남은 두 면도 귀퉁이 부분이 어긋나지 않도록 1면씩 꿰맵니다.

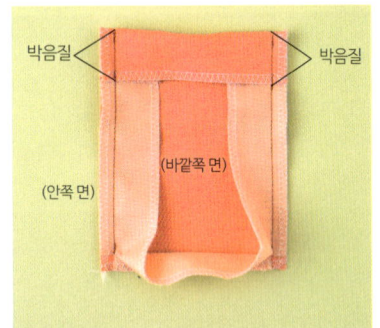
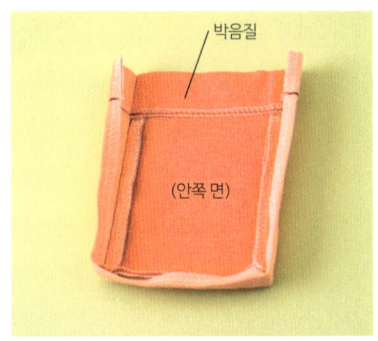

4 주머니 몸판의 입구 시접을 안쪽 면이 보이도록 접어서 양쪽 끝을 꿰맵니다.

5 4를 뒤집어준 후, 주머니 몸판 입구에 박음질하여 옆판의 시접을 다리미로 다려서 접어줍니다.

6 가방 몸판에 박음질로 달아줍니다(박음질로 다는 방법은 주머니 C를 참조).

* 천과 실은 알아보기 쉽도록 다른 색을 사용했습니다.

C 통 옆판 주머니

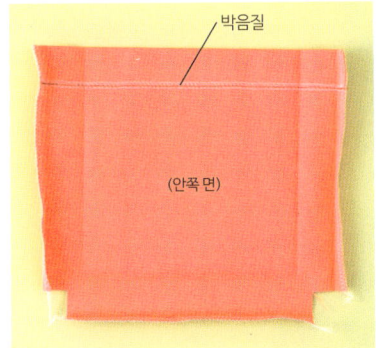

1 테두리를 전부 재봉틀로 감침질한 후, 주머니 입구 부분의 시접을 안쪽 면이 보이게 접어서 박음질합니다.

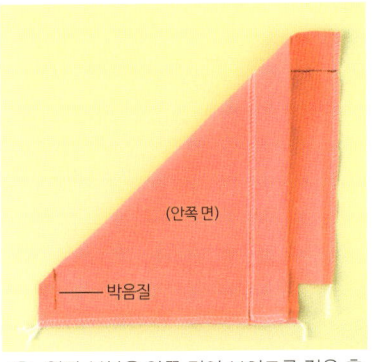

2 옆판 부분을 안쪽 면이 보이도록 접은 후, 끝부분까지 박음질합니다.

3 반대쪽도 똑같이 박음질한 후, 뒤집어서 모양을 잡아줍니다.

4 접었던 선을 집어서 박음질하면 모양이 잘 잡힙니다. 한꺼번에 박음질하지 말고 한 면씩 박음질합니다.

5 세 면에 모두 박음질한 모습입니다.

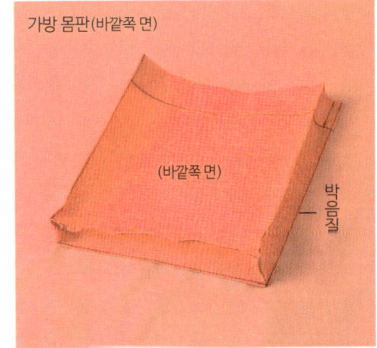

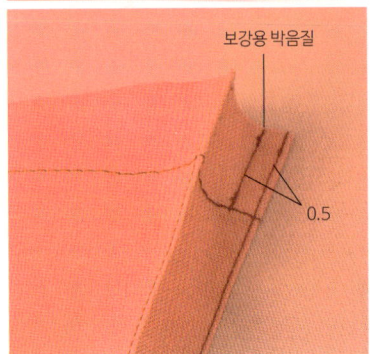

6 가방 몸판에 박음질로 달아줍니다. 4에서 모서리 부분을 박음질한 것과 같이 한 면씩 박음질합니다. 주머니 입구는 더 단단히 고정하기 위해서 한 번 더 박음질합니다(주머니 B는 작고 옆판 폭이 좁아서 보강용 박음질은 생략해도 됩니다).

덮개 만드는 방법

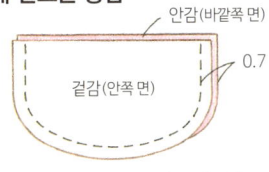

1 천 2장을 안쪽 면이 보이도록 맞붙여서 꿰맵니다.

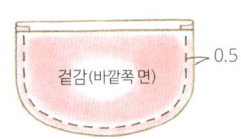

2 바깥쪽 면이 보이도록 뒤집어서 박음질합니다.

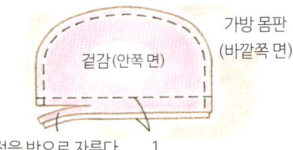

3 주머니 위치에 박음질로 달아준 후, 시접을 반으로 자릅니다.

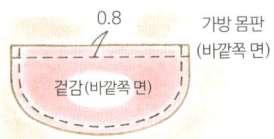

4 3을 아래로 접은 후, 박음질로 고정합니다.

Lesson5

안단 주머니

D 안단 주머니

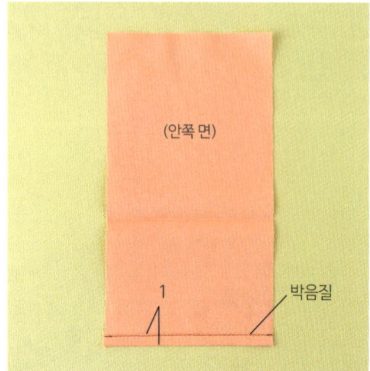
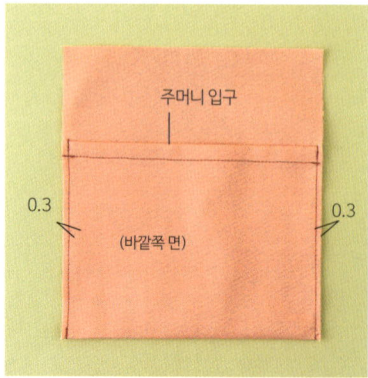
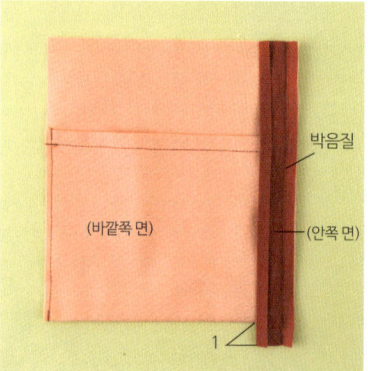

1 주머니 입구 부분의 시접을 두 번 접어서 박음질합니다. ※ 앞뒷면이 다른 천은 주머니 바닥 부분을 잘라서, 천 2장을 겹쳤을 때 뒤쪽에 보이는 천의 앞면(주머니 안쪽)과 앞쪽 천(주머니 바깥쪽)이 모두 천 겉면이 되도록 만들어줍니다.

2 바닥 위치에서 접어 올린 후 양쪽 측면을 재봉틀로 시침질합니다.

3 측면을 바이어스 테이프로 마무리합니다. 바이어스 테이프를 안쪽 면이 보이도록 올려놓고 꿰매줍니다.

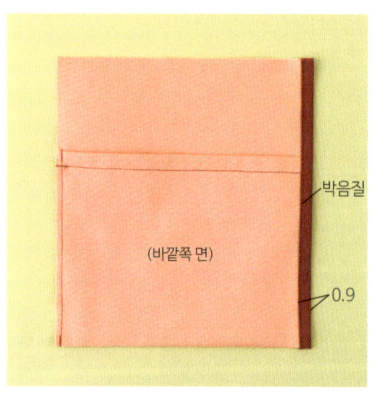

4 안쪽 면이 보였던 바이어스 테이프로 주머니 측면을 감싼 후, 바닥 쪽 부분을 뒤로 접어서 박음질합니다. 반대쪽도 똑같이 처리합니다 (바이어스 테이프로 마무리하는 방법은 43쪽 참조).

Q 보강용 천은 꼭 필요한 건가요?

A 주머니를 사용할 때 주머니 입구를 박음질해서 달아준 천 부분에 힘이 실리므로, 보강을 위해서 입구 양쪽 끝단의 뒤쪽에 보강용 천을 달아주곤 합니다. 가방 몸판의 천 자체가 튼튼한 편이라면 보강용 천을 덧대지 않아도 되지만, 주머니를 자주 사용하거나 더 튼튼하게 달고 싶을 때는 보강용 천을 덧대는 것이 좋습니다. 일반적으로는 접착 심(주머니에 안감을 넣는 경우)이나 주머니로 만들 천을 그대로 사용하지만, 올이 풀리지 않고 다루기 쉬운 펠트를 사용하는 것이 가장 좋습니다. 양면 접착 심으로 임시 고정한 후 박음질하면 어긋나지 않게 손쉽게 꿰맬 수 있습니다.

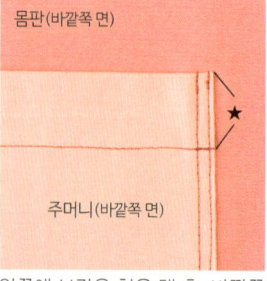
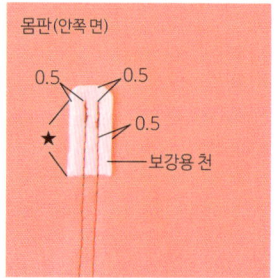

안쪽에 보강용 천을 댄 후, 바깥쪽에서 주머니를 박음질로 달아줍니다. 일반적인 크기 기준은 사진을 참조하세요. 가방 입구 부분을 박음질할 위치에 반드시 보강용 천이 올 수 있도록 잘 조정해서 달아줍니다.

E 지퍼 안주머니

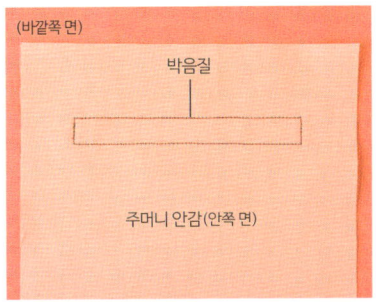

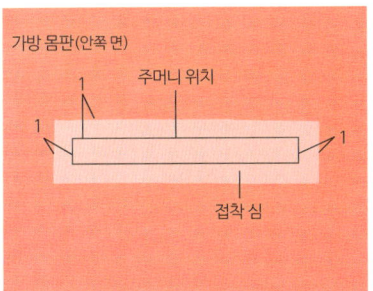

1 가방 몸판 안쪽에 접착 심을 붙입니다. 주머니 입구 크기보다 1cm 더 크게 붙여줍니다.

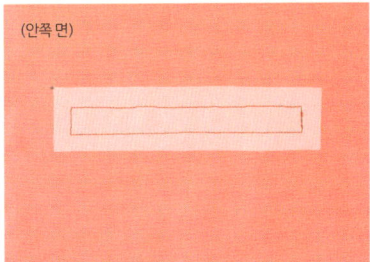

2 가방 몸판 바깥쪽에 주머니 안감을 표시에 맞춰서 안쪽 면이 보이도록 올려놓고, 사각형 모양으로 빙 둘러서 박음질합니다.

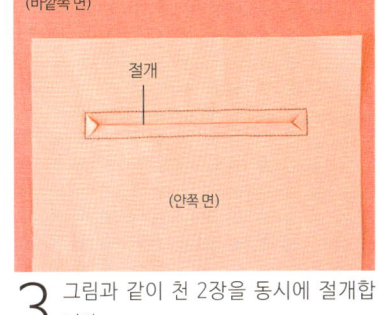

3 그림과 같이 천 2장을 동시에 절개합니다.

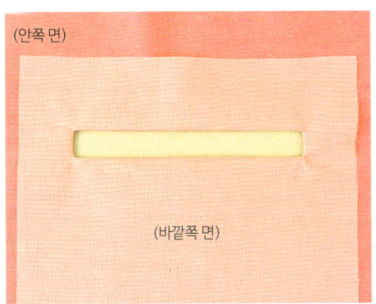

4 주머니 안감의 안쪽 면이 보이도록 뒤집어서 다리미로 입구 주변 모양을 정돈합니다.

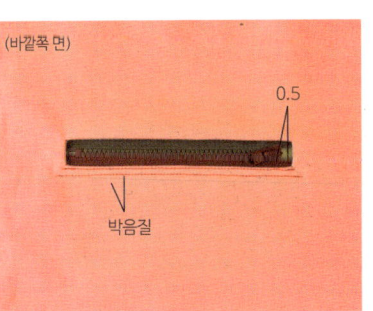

5 가방 몸판을 지퍼 위에 올려놓고, 주머니 입구 아래에 두 줄로 박음질해서 지퍼를 고정합니다.

6 주머니 안감을 반으로 접습니다.

7 양쪽 측면을 꿰맨 후, 시접을 바이어스 테이프로 마무리합니다(주머니 D 참조).

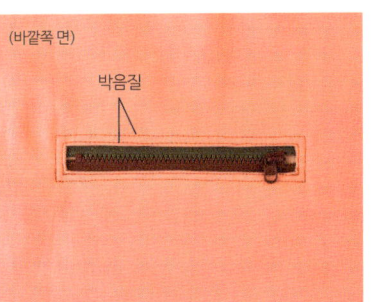

8 주머니 입구의 남은 세 면을 주머니 안감까지 함께 두 줄씩 박음질로 고정합니다.

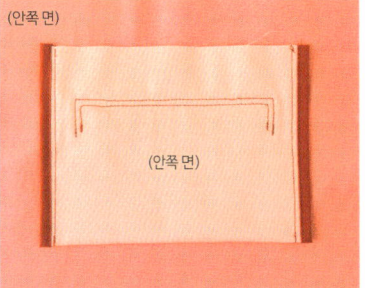

9 가방 안쪽에서 본 완성된 주머니 모습입니다. 주머니 안감 윗부분은 안단으로 가려지므로 따로 마무리 작업하지 않아도 됩니다.

Lesson5

주머니 많은 가방 → 실물 크기 패턴지 A면

이 가방처럼 주머니를 모두 달아도 좋고
필요한 주머니만 달거나
더 많이 달아도 좋습니다.
나만의 특별한 주머니를 단
가방을 만들어보세요.

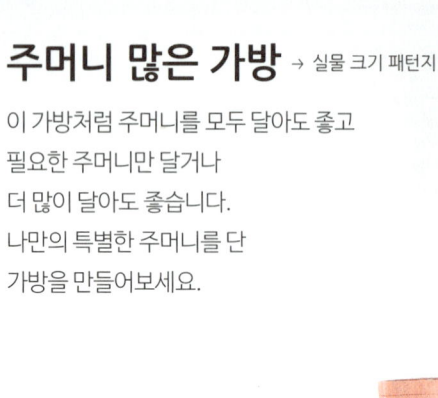

겉감으로 두꺼운 캔버스 천을 사용하면 안감 없이 겉감 한 장으로도 형태가 유지되어, 가방을 세워서 사용할 수 있어서 편리합니다.

지퍼 안주머니나 옆판을 덧댄 주머니를 달면 다양한 용도로 사용할 수 있어서 완성도 있는 가방을 만들 수 있습니다.

주머니 많은 가방

만드는 방법 *천과 실은 알아보기 쉽도록 다른 색을 사용했습니다.

재료
겉감 75×80cm
안감(손잡이 안감, 안단, 주머니 A, 주머니 B 옆판, 주머니 C 덮개 안감) 60×65cm
주머니 천(주머니 D, 주머니 E) 40×35cm
접착 심 16×5cm
보강용 천 10×10cm
12cm 지퍼 1개
바이어스 테이프(양쪽에서 접었을 때 폭이 12.7mm인 테이프) 2m

완성 크기
가로 36cm×세로 32cm, 옆판 폭 12cm(손잡이 길이 미포함)

재단 배치도(자세한 치수는 100쪽에 있습니다)

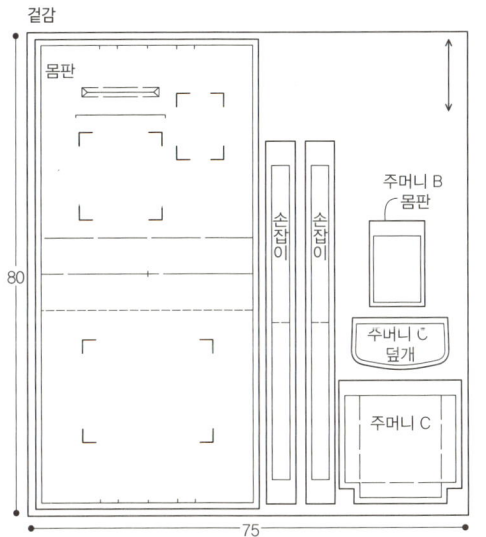
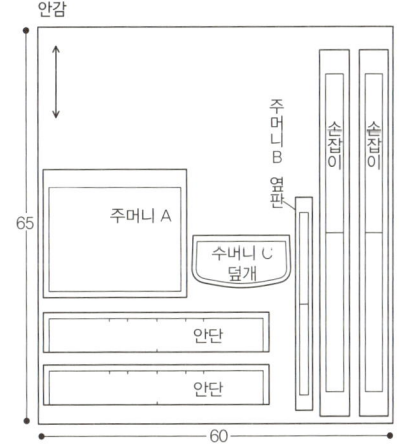
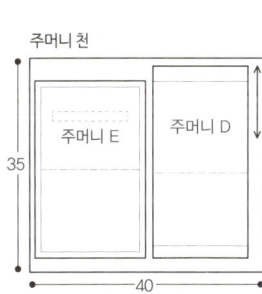

몸판 만드는 방법(주머니는 36~39쪽 참조)

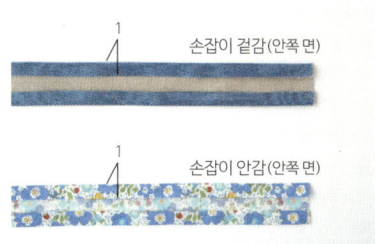

1 손잡이 겉감과 안감을 재단 도면 마감선에 맞춰 접은 후, 다리미로 다려서 접어줍니다.

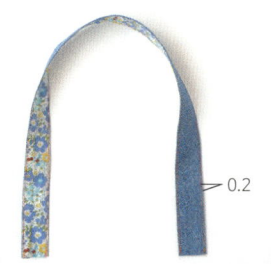

2 1의 겉감과 안감이 바깥쪽 면이 보이도록 맞붙여서 양쪽 가장자리를 박음질합니다.

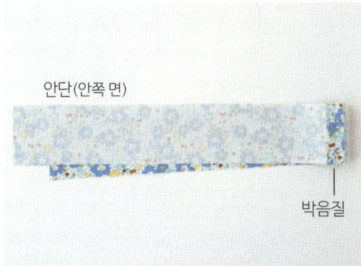

3 안단의 한쪽 측면을 안쪽 면이 보이도록 맞붙여서 페맨 후, 시접을 양쪽으로 눕혀줍니다.

주머니 많은 가방

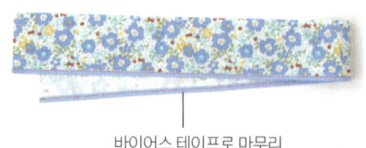

4 시접 끝단을 바이어스 테이프로 마무리합니다(43쪽 참조).

5 안단 끝부분끼리 안쪽 면이 보이도록 맞붙여서 고리가 되도록 박음질합니다. 시접은 양쪽으로 눕힙니다.

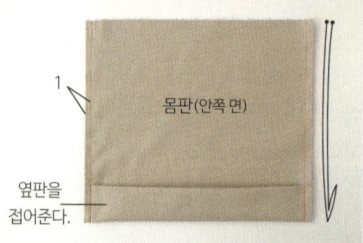

6 (주머니를 미리 달아둔) 몸판을 안쪽 면이 보이도록 접습니다. 바닥 부분을 접은 후, 양쪽 측면을 박음질해서 옆판을 만듭니다(19쪽 참조).

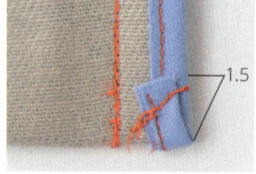

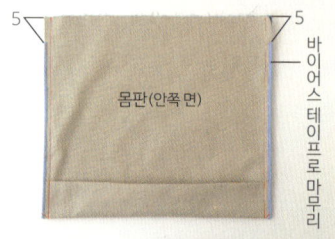

7 양쪽 측면의 시접을 바이어스 테이프로 마무리합니다(43쪽 참조). 가방 입구 쪽 시접 부분은 따로 마무리 작업하지 않고 그대로 둡니다. 바닥은 박음질하지 않고 남겨둔 바이어스 테이프 끝부분을 접어 올린 후, 박음질로 고정합니다(위쪽 그림).

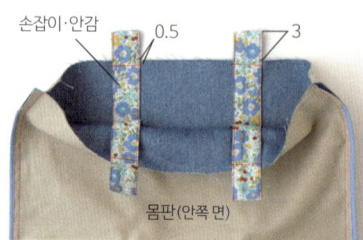

8 몸판 바깥쪽에 손잡이를 임시로 고정합니다.

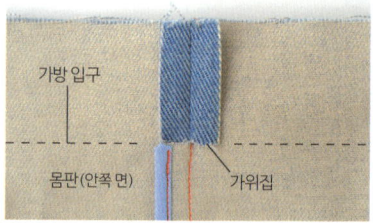

9 몸판 측면 쪽 시접과 가방 입구가 될 위치에 가위집을 낸 후, 다리미로 다려서 시접을 양쪽으로 눕힙니다. 이렇게 하면 안단을 달아주었을 때, 두께를 일정하게 만들 수 있습니다.

10 안단과 몸판을 안쪽 면이 보이도록 맞붙여서 가방 입구 쪽을 박음질합니다.

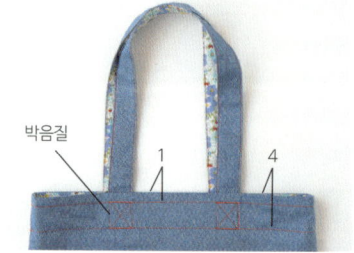

11 가방 바깥쪽 면이 보이도록 뒤집어서 가방 입구 쪽을 다리미로 다립니다. D(안단 주머니)를 달 때는 그림에 표시된 부분에 끼워서 가방 입구 쪽에 두 줄로 박음질해서 고정합니다. 손잡이를 더 튼튼하게 달기 위해서 시접 위치에 박음질합니다(손잡이 다는 법은 14쪽 참조).

12 완성된 모습입니다.

바이어스 테이프 마무리 작업

바이어스 테이프로 마무리하는 방법

가방 시접 마무리 작업에는 바이어스 테이프를 자주 사용합니다.
천의 재단선이 보이지 않도록 깔끔하게 처리해주고, 모양도 유지해주는 마무리 작업입니다.

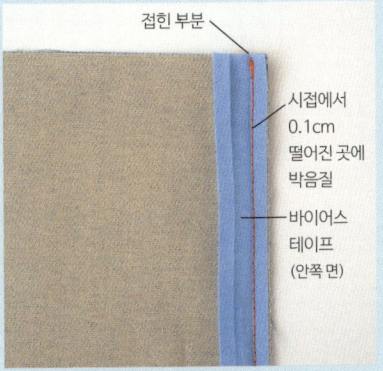

1 바이어스 테이프의 접힌 부분을 한쪽만 펼쳐서 시접 끝단에 맞춥니다. 바이어스 테이프의 접힌 부분에서 시접 쪽으로 0.1cm 떨어진 곳에 박음질합니다.

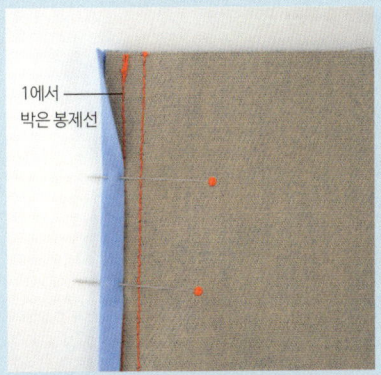

2 재단선을 감싸주듯이 바이어스 테이프를 반대쪽 면으로 넘겨서 시침핀으로 고정합니다. 1에서 박은 봉제선 위에 바이어스 테이프가 접힌 부분을 올려줍니다. 시침핀으로 고정이 잘 안 될 때는 시침질을 합니다.

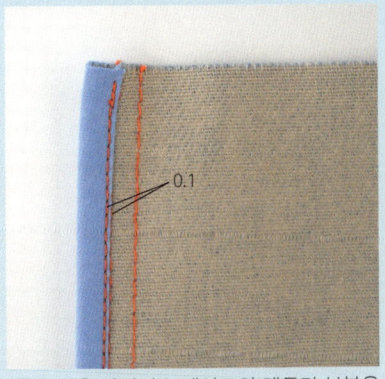

3 접은 바이어스 테이프의 테두리 부분을 꿰맵니다.

반대쪽에서 본 모습입니다. 박음질을 한 번 더 해두었으므로, 만약에 바이어스 테이프의 실이 풀리더라도 문제없습니다.

바이어스 끝부분 마무리 작업

눈에 띄지 않는 부분까지도 깔끔하게 마무리할 수 있도록 테이프를 1.5~2cm 정도는 박음질하지 않고 남겨둔 후, 끝부분을 위로 접어서 박음질로 고정합니다.

안단 주머니 측면이나 가방 입구에서 보이는 옆판의 시접은 테이프 재단선이 보이지 않도록 안쪽으로 접어서 박음질합니다.

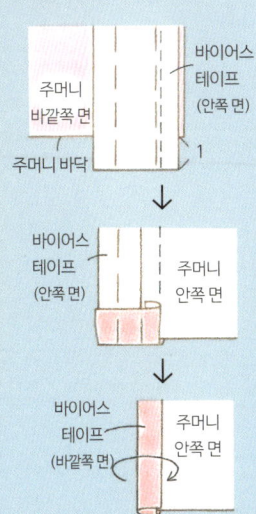

Lesson 6

턱(Tuck)

주름

가방에 주름을 잡아주면, 수납량이 늘고, 가방 디자인에 변화를 줄 수 있습니다.
주름이 깔끔하게 잘 잡히지 않으면 표시를 정확하게 하는 일부터 다시 시작해보면 좋습니다.

>> **두 가지 주름의 봉제 방법을 익혀봅니다.**

턱(Tuck)

천을 접어서 주름을 만드는 방법입니다. 세련된 분위기를 연출할 수 있습니다.
먼저 패턴지에 그려진 표시가 어떤 뜻인지 알아봅니다. 표시는 천의 바깥쪽 면에서 본 상태를 나타낸 것입니다.

한쪽 접기

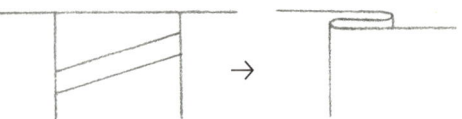

맞접기

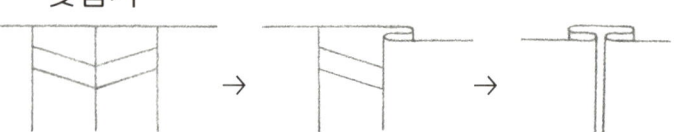

한 방향으로 접는 주름입니다. 그림에 두 줄로 사선이 그려져 있는데, 사선이 높은 쪽에서 낮은 쪽으로 천을 접습니다.

양쪽에서 가운데를 향해 접는 주름입니다. 한쪽 접기 방법처럼 사선이 높은 쪽에서 낮은 쪽으로 천을 접습니다.

Q 표시를 했는데도 자꾸 어긋나게 접혀요.

A 천 바깥쪽 면을 보면서 접어야 하므로, 바깥쪽 면에 시접 표시를 해두면 보기에도 쉽고 잘 어긋나지 않습니다(왼쪽 그림). 또 초크로 표시하는 것보다 노치(notch, 시접에 0.3~0.4cm 정도 가위집을 내서 표시하는 것)를 하면 정확하게 접을 수 있어 좋습니다(오른쪽 그림).

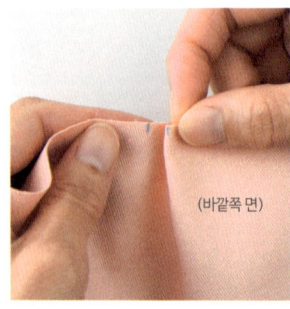

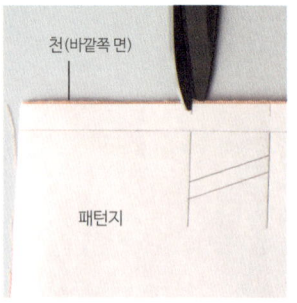

개더(Gather)

턱을 봉제하는 방법

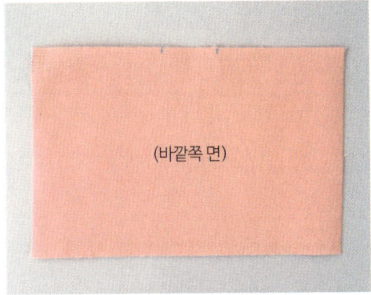
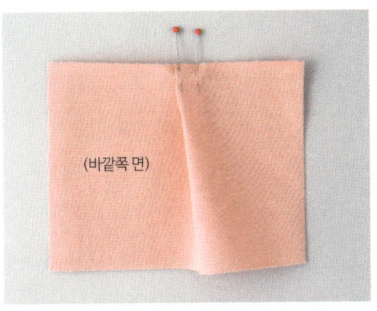
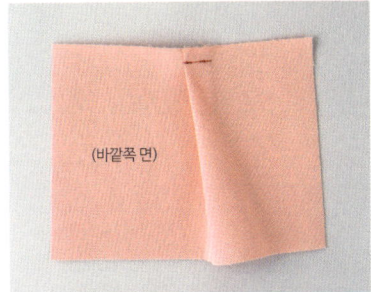

1. 패턴지에 표시된 대로 천에 표시합니다.
※ 한쪽 접기로 만들었을 때의 예시

2. 턱으로 주름을 잡아준 후, 시침핀으로 고정합니다.

3. 시접 부분을 시침질로 임시 고정합니다. 이후에 다른 천과 같이 박음질하거나 바이어스 테이프로 감싸서 마무리합니다.

개더(Gather)

마감 봉제선 땀을 크게 해서 박음질한 후, 실을 잡아당겨 천 길이를 줄여서 주름을 만드는 방법입니다.
풍성함과 귀여운 느낌을 동시에 연출할 수 있습니다.
개더로 주름을 어떻게 만드느냐에 따라 천의 느낌이 달라집니다.

패턴지에서는 개더를 물결로 표시합니다. 양쪽 끝에 동그라미 표시 사이를 개더로 주름을 잡아서 마감선 치수까지 천의 길이를 줄입니다.

마감 봉제선 치수의 1.5배   **마감 봉제선 치수의 2배**   **마감 봉제선 치수의 2.5배**

개더를 얼마나 잡느냐에 따라 위 사진처럼 다른 느낌이 됩니다.
천의 두께에 따라서도 느낌이 달라지므로 직접 가방 디자인을 할 때는
실제로 사용할 천의 끝단에 시험 삼아 개더를 잡아본 후, 주름 양을 결정해보는 것이 좋습니다.

Lesson6

개더 만드는 방법

개더 만드는 방법

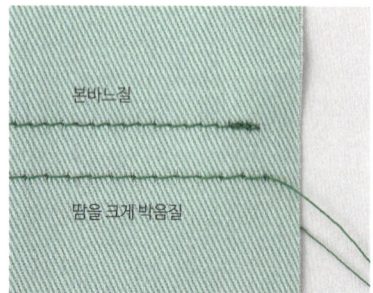
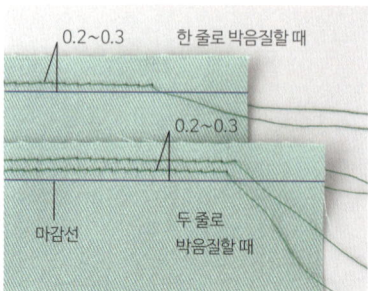

1 본바느질보다 땀을 크게 해서 박음질합니다. 땀의 크기는 천의 두께에 따라 다르지만, 본바느질의 1.5~2배를 기준(예: 마감 봉제선이 0.2cm일 때, 0.3~0.4cm로 땀을 크게 해서 박습니다)으로 합니다. 손바느질로도 가능합니다.

2 땀을 크게 박아줄 때는 본바느질로 잘 눌러줄 수 있는 마감선에 가까운 시접에 박습니다. 마감선에서 0.2~0.3cm 정도 떨어진 것을 기준으로 합니다. 한 줄로 할지 두 줄로 할지는 천이 주름지는 상태를 보고 결정합니다. 두 줄로 박음질하면 주름이 더 잘 고정되고, 바이어스 테이프로 감을 때 시접 모양이 잘 잡혀 마무리 작업이 편해집니다.

3 실을 잡아당겨 천을 모아줍니다. 실은 천 바깥쪽 면과 안쪽 면 어느 쪽에서 잡아당겨도 상관은 없지만, 잡아당기는 쪽 면이 더 깔끔하게 주름이 잡히므로, 천의 바깥쪽 면으로 실을 빼서 잡아당기는 것이 좋습니다. 실을 잡아당길 때는 실이 나온 쪽의 천을 잡는 것이 아니라, 박음질이 시작되는 쪽을 잡다가 점점 실을 당기면서 실을 잡아당기는 쪽으로 옮겨가며 잡아줍니다.

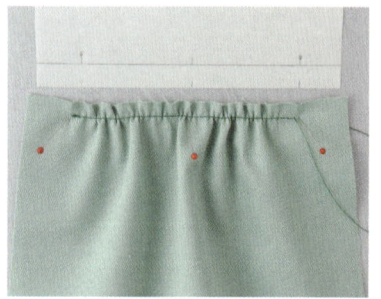

4 원하는 길이가 될 때까지 주름을 잡으며 천 길이를 줄인 후, 맞붙일 천이나 패턴지를 놓고 표시해둔 위치에 맞춰서 다리미판에 시침핀으로 고정하여 균일하게 주름이 잡히도록 정리해줍니다.

5 시접을 다리미로 다려서 주름을 누릅니다. 이렇게 하면 주름이 잘 움직이지 않아서 편하게 후속 작업을 할 수 있습니다.

Q 두꺼운 천에 개더로 주름을 잡고 싶어요.

A 너무 두꺼운 천으로는 개더로 주름을 잡기 힘들지만, 두께감이 적당한 천에 두꺼운 천 전용으로 나온 30번사를 사용하면 주름을 쉽게 잡을 수 있습니다. 세게 잡아당겨도 끊어지지 않고, 시접도 안정감 있게 처리할 수 있습니다.

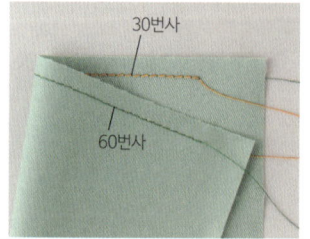

Q 개더로 균일한 주름을 만들고 싶어요.

A 주름 길이가 길어질수록 표시를 잘 해야 합니다. 패턴지에 표시가 없을 때는 직접 표시합니다. 함께 박음질할 천(또는 바이어스 테이프)과 개더로 주름을 잡을 천에 각각 균일한 비율로 표시를 해줍니다.

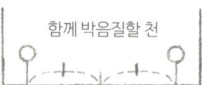

턱과 개더로 만든 주름 가방 → 실물 크기 패턴지 B면

턱과 개더를 이용해서 같은 크기의 주름 가방을 만들어봅니다. 주름 덕분에 수납량이 늘고 가방 디자인에 포인트가 생겨서 귀여운 가방을 만들 수 있습니다.

턱과 개더로 만든 주름 가방

왼쪽이 턱, 오른쪽이 개더로 만든 가방입니다. 안감 없이 천 1장을 이용하여 만들었습니다. 손수건과 휴대전화를 넣고 가볍게 들고 다니기 편한 미니백입니다.

가방 입구에는 단추와 실로 고리를 만들어서 잠글 수 있도록 만들었습니다. 손잡이는 시중에서 판매하는 웨이빙 테이프를 사용했습니다. 몸판 천을 이용하여 손잡이를 만드는 것보다 작업 공정이 줄어들어 편리합니다.

Lesson 6

만드는 방법 ＊천과 실은 알아보기 쉽도록 다른 색을 사용했습니다.

재료(턱·개더 공통)
겉감 60×25cm
손잡이용 테이프(폭 2.5cm) 40cm
바이어스 테이프(가방 입구용, 양쪽에서 접었을 때 폭이 2cm인 테이프) 35cm
바이어스 테이프(시접 마무리용, 양쪽에서 접었을 때 폭이 12.7mm인 테이프) 85cm
단추(지름 1.5cm) 1개
늘어짐 방지 테이프(폭 0.9cm) 35cm(개더에만 사용)
웨이빙 테이프

완성 크기
가로 16cm×세로 14cm, 옆판 폭 3.5cm(손잡이 길이 미포함)

✚ 제작 시 주의사항
패턴지는 턱과 개더 중에서 선택하기 바랍니다. 두 패턴지 모두 완성되었을 때의 가방 크기는 같습니다. 만드는 방법은 초반에 개더 또는 턱으로 주름 잡는 부분만 다르고 그 이후 작업 공정은 똑같습니다.

재단 배치도(자세한 치수는 101쪽에 있습니다)

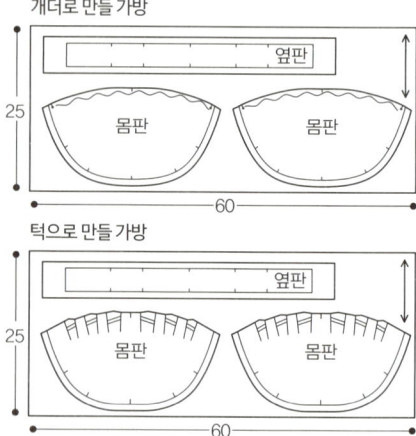

개더로 만들 경우

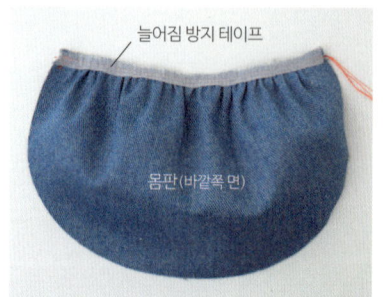

1 46쪽을 참조하여 몸판 입구 부분에 개더로 주름을 잡아서 길이가 15cm가 될 때까지 천 길이를 줄여줍니다. 시접을 다리미로 다려서 주름을 정돈하고, 늘어짐 방지 테이프를 붙여서 고정합니다.

턱으로 만들 경우

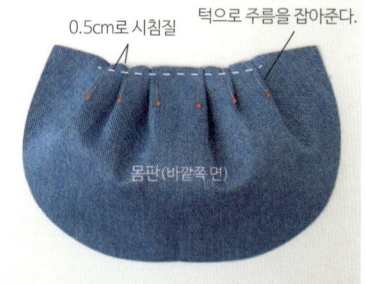

1 패턴지에 표시된 대로(44쪽 참조) 턱으로 주름을 잡고 시침핀으로 고정한 후, 시접을 시침질로 임시 고정합니다.

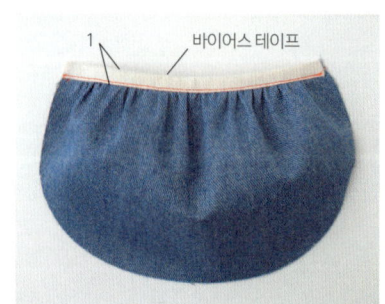

2 개더 또는 턱으로 주름을 잡은 가방 입구 부분을 (양쪽에서 접었을 때의) 폭이 2cm인 바이어스 테이프로 감싸 마무리합니다(43쪽 참조).

턱과 개더로 만든
주름 가방

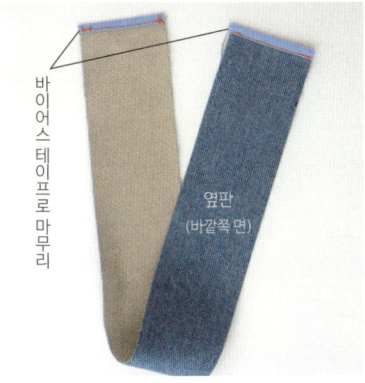

3 옆판의 가방 입구 부분을 (양쪽에서 접었을 때의) 폭이 12.7mm인 바이어스 테이프로 마무리합니다(43쪽 참조).

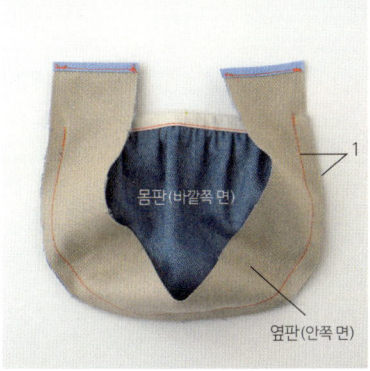

4 몸판과 옆판을 안쪽 면이 보이도록 맞붙여서 같이 박음질합니다.

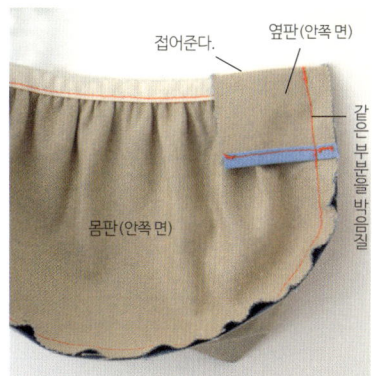

5 옆판의 가방 입구 부분을 가방 안쪽으로 접어서 4에서 박은 부분과 똑같은 부분을 박음질해줍니다.

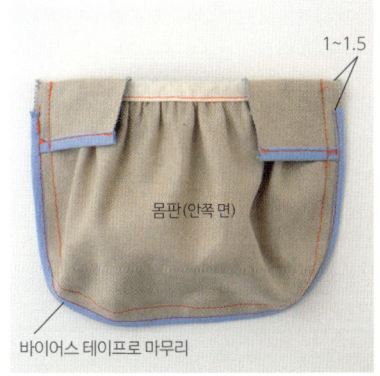

6 반대쪽 가방 입구도 똑같이 집어서 박음질한 후, 옆판의 가방 입구 부분 시접으로 가려진 부분까지 바이어스 테이프로 마무리해줍니다.

7 옆판의 바깥쪽 면이 보이도록 뒤집습니다.

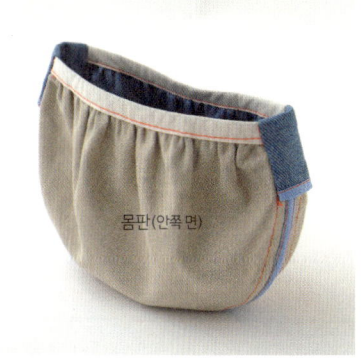

8 반대쪽 몸판과 옆판도 똑같은 방법으로 박음질합니다.

9 옆판에 손잡이로 쓸 웨이빙 테이프를 박음질해줍니다. 테이프 끝부분의 씨실(가로 방향으로 엮인 실)은 코바늘 등으로 빼내서 풀어줍니다.

10 가방이 완성된 모습입니다.

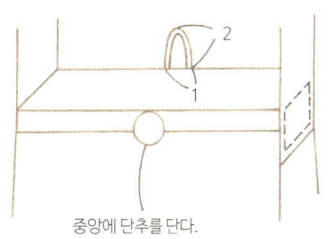

11 가방 입구 중앙에 단추를 달고, 실로 고리를 만들어줍니다(31쪽 참조).

Lesson 7
안감 고르는 방법

안감

겉감에 심을 붙일 때, 또는 겉감 1장만으로 가방 모양이 잘 안 나올 때는 보강을 위해 안감을 덧대줍니다.
눈에 잘 띄지 않는 부분 같지만, 어떤 천을 사용하느냐에 따라 의외로 존재감을 나타낼 수 있고, 편의성도 좋아집니다.

≫ 먼저 천을 골라봅시다.

안감은 표면에 물건이 잘 걸리거나 레이스 등의 섬유로 만들어진 천은 피하는 것이 좋습니다. 겉감과의 균형도 고려해서 선택합니다.

서로 다른 두께의 안감 비교

두께에 따라 어떻게 다르게 보이는지 확인하기 위해 세 종류의 면을 비교합니다. 겉감은 옥스퍼드 천을 사용했고, 심은 붙이지 않았습니다.

겉감보다 얇은 천

브로드클로스를 사용했습니다. 겉감을 보조해주는 역할이며, 겉감에 심을 붙일 때는 얇은 천을 사용하면 균형감 있게 만들 수 있습니다.

겉감과 두께가 같은 천

옥스퍼드를 사용했습니다. 겉감과 안감이 동등한 힘으로 개방의 형태를 지지해줍니다. 양면을 사용할 수 있는 리버시블 가방을 만들 때는 두께가 같은 천을 사용하면 좋습니다.

겉감보다 두꺼운 천

11호 캔버스 천을 사용했습니다. 안감이 겉감을 지지하여 형태를 잘 유지해주고, 가방 모양이 잘 흐트러지지 않습니다. 가방 안팎의 형태가 딱 잡혀 있습니다.

안감 덧대는 방법

>> 안감을 덧대는 방법은 크게 2종류로 나뉩니다.

겉감과 안감 몸판을 따로 만드는 타입 1

겉감과 안감으로 각각 몸판을 만들고, 안쪽 면이 보이도록 맞붙여서 박음질한 후, 바깥쪽 면이 보이도록 뒤집어주는 방법.

자세한 사항은 53쪽 '안감을 덧대서 만드는 토드백' 부분을 참조하세요.

겉감과 안감 몸판을 같이 박아서 만드는 타입 2

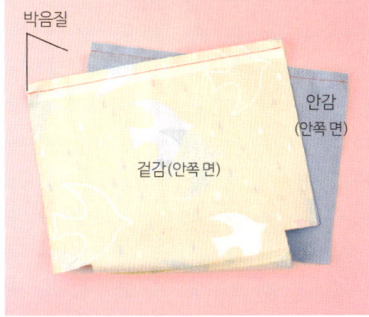

1 겉감과 안감을 안쪽 면이 보이도록 맞붙여서 입구 부분을 박음질합니다.

2 바깥쪽 면이 보이도록 뒤집어서 다리미로 입구 부분을 다린 후, 박음질합니다. 그 상태에서 겉감과 안감을 바깥쪽 면이 보이도록 맞붙여서 양쪽 측면을 박음질합니다.

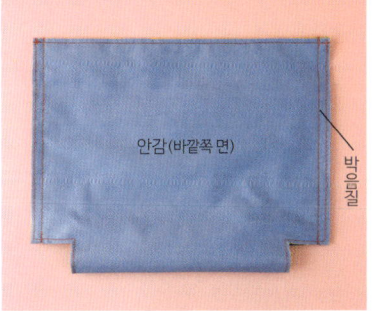

3 겉감의 안쪽 면(안감의 바깥쪽 면)이 보이도록 맞붙여서 양쪽 측면을 박음질합니다.

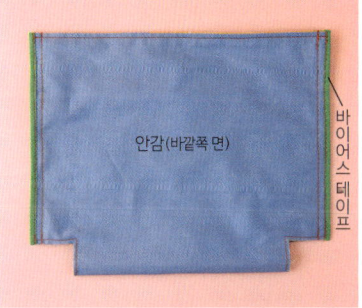

4 측면의 시접을 바이어스 테이프(43쪽 참조)로 마무리합니다.

5 옆판을 박음질한 후(18쪽 참조), 측면과 마찬가지로 바이어스 테이프로 마무리합니다.

Lesson7

안감 Q&A

Q 안감이 헐렁하게 남는데, 조금 더 작게 만들어도 괜찮은가요?

A 겉감과 안감은 기본적으로는 같은 크기로 만들어야 합니다. 안감 부분을 작게 만들면 겉감 부분이 잡아 당겨져서 모양이 흐트러지게 됩니다. 만들기 전에 천을 미리 물에 담갔다가 사용하는 등 겉감과 안감의 크기를 똑같이 만든 후에 사용해주세요. 그래도 헐렁하게 남는 안감이 신경 쓰인다면, 51쪽의 '겉감과 안감 몸판을 같이 박아서 만드는 타입'으로 만들면 됩니다.

타입 1

완성되면 안감이 남는 것처럼 보이지만, 안감이 이 정도로 여유 있어야 합니다.

타입 2

마지막에 바이어스 테이프로 시접을 처리하면 비교적 깔끔하게 마무리됩니다.

Q 안감에 접착 심을 붙여도 되나요?

A 겉감에 접착 심을 붙이고 싶지 않거나 붙일 수 없을 때, 안감에 붙일 수도 있습니다. 겉감에 영향을 주지 않으면서 가방을 세울 수 있을 정도로 단단한 접착 심을 사용하는 것이 가장 좋습니다. 도톰한 느낌의 가방을 만들 수 있습니다.

Q 어떻게 하면 도톰한 천을 안감으로 잘 다룰 수 있나요?

A 캔버스처럼 도톰한 천을 안감으로 사용할 때는 안감 측면의 시접을 한쪽으로 눕히면 두께가 너무 두꺼워지므로, 다리미로 시접을 양쪽으로 눕힙니다. 바깥쪽 면이 보이도록 뒤집은 후, 얇은 천을 사용하거나 시접을 한쪽으로 눕혔을 때는 '감침질'로 꿰매지만, 두꺼운 천을 사용하여 시접을 양쪽으로 눕혔을 때는 '공그르기'로 꿰맵니다.

접착 퀼트 심을 안감에 붙인 모습입니다. 가방에 넣을 물건을 보호하는 역할도 하게 됩니다.

감침질

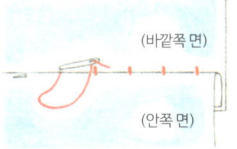

(바깥쪽 면)
(안쪽 면)

공그르기

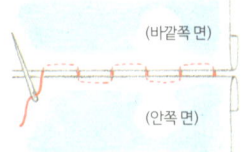

(바깥쪽 면)
(안쪽 면)

안감을 덧대서 만드는 토트백 → 실물 크기 패턴지 B면

겉감과 안감 몸판을 따로 만드는 타입의 가방입니다.
옆판은 '집어서 옆판 만들기'(18쪽 참조)로 만들었습니다.

겉감은 옥스퍼드 천에 접착 심을 붙여서 보강하고, 안감은 브로드클로스를 사용하였습니다.

자석단추에 인조가죽 손잡이를 달아, 작지만 완성도 높은 가방을 만들었습니다.

Lesson 7

만드는 방법 ✽ 천과 실은 알아보기 쉽도록 다른 색을 사용했습니다.

재료
겉감 65×30cm
안감 65×30cm
접착 심(필요에 따라서 준비) 60×30cm
늘어짐 방지 테이프(폭 0.9cm) 60cm
자석단추(지름 1.4cm, 박음질 고정형) 1개
장식용 단추(지름 약 2cm) 1개
시중에서 판매하는 손잡이 1쌍

완성 크기
가로 18cm×세로 18cm, 옆판 폭 8cm(손잡이 길이 미포함)

✤ 제작 시 주의사항
53쪽의 가방은 겉감의 무늬가 한 방향으로만 인쇄돼 있어서, 무늬가 반대 방향을 향하지 않도록 바닥 부분을 잘라서 잇대서 붙였습니다. 그러나 위아래 구분이 없이 이어진 무늬일 때는 몸판과 바닥을 하나로 재단하여 바닥을 '통'으로 만들어도 괜찮습니다. 그럴 때는 몸판 겉감을 안감 패턴지로 재단합니다. 겉감과 안감을 따로 만든 뒤에 합치는 방법으로 만들 때는 안감이 가방 속에서 들뜨지 않도록 '고정'합니다.

재단 배치도(자세한 치수는 102쪽에 있습니다)

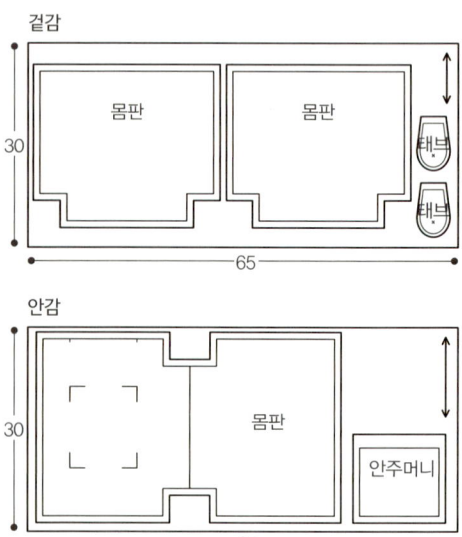

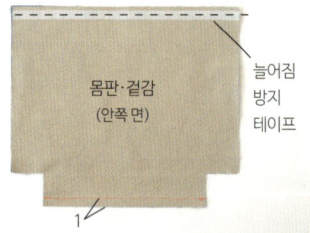

1 겉감은 가방 입구에 늘어짐 방지 테이프를 패턴지 마감선에 맞춰서 붙여줍니다. 겉감 2장을 안쪽 면이 보이도록 맞붙여서 바닥 쪽을 꿰맵니다.

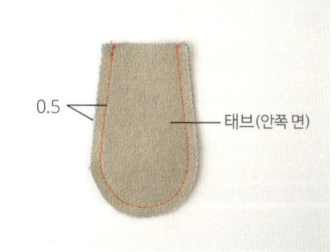

2 태브 2장을 안쪽 면이 보이도록 맞붙여서 꿰맵니다.

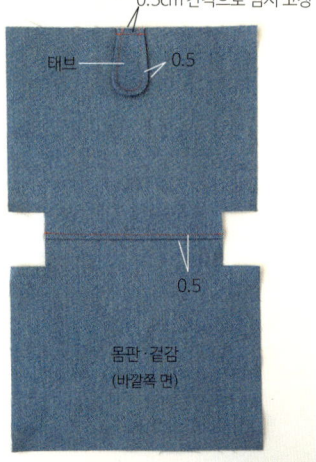

3 태브 바깥쪽 면이 보이도록 뒤집어서 테두리를 박음질한 후, 가방 입구 부분에 임시 고정해줍니다. 몸판 겉감은 바닥의 시접을 다리미로 다려서 한쪽으로 눕히고, 바깥쪽 면을 보며 박음질합니다.

4 몸판 겉감을 안쪽 면이 보이도록 접어서 측면을 꿰맵니다. 시접은 다리미로 다려서 양쪽으로 눕혀줍니다.

5 옆판 부분을 박음질합니다. 시접은 다리미로 바닥 쪽으로 눕힙니다.

안감을 덧대서 만드는 토트백

6 안주머니를 만듭니다. 주머니 입구를 두 번 접어서 꿰맨 후, 남은 세 면의 시접을 다리미로 다려서 접어줍니다. 안감에 주머니를 달 위치에 박음질합니다.

7 몸판 겉감을 안쪽 면에 보이도록 접어서 측면을 꿰맵니다. 한쪽에는 뒤집기용 구멍을 뚫어둡니다.

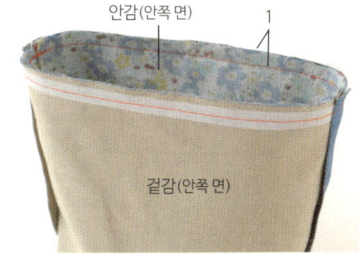

8 몸판 안감은 측면 시접을 다리미로 다려서 한쪽으로 눕히고, 겉감과 똑같이 옆판 부분을 꿰맵니다. 시접은 다리미로 바닥 쪽으로 눕힙니다.

9 겉감과 안감을 안쪽 면이 보이도록 맞붙여서 가방 입구를 박음질합니다.

10 안감을 끄집어내서 겉감과 안감을 각 옆판의 시접(★)끼리 맞춰서 '고정'해 줍니다.

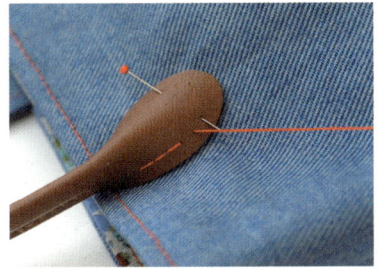

11 안감과 겉감 시접끼리 같이 꿰맵니다.

12 반대쪽도 같은 방식으로 박음질합니다.

박음질

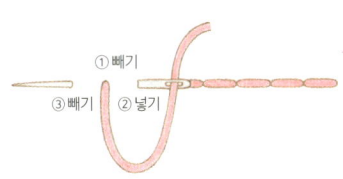

13 안감의 창구멍으로 바깥쪽 면이 보이도록 뒤집어서 창구멍을 꿰맨 후 (10쪽 참조), 가방 입구 부분을 박음질합니다.

14 자석단추(30쪽 참조)와 장식용 단추를 꿰매어 단 후, 손잡이를 박음질로 달아 줍니다.

Lesson 8

D링, 사각링

고리 장식

보통 '링'이라고 불리는 고리 장식은 수제 가방을 마치 기성품처럼 보이게 만들어주는 아이템입니다. 가방의 편의성도 훨씬 좋아집니다.

≫ 고리 장식의 종류와 특징을 알아봅시다.

D링

스냅후크를 이어주는 등 사용 빈도가 가장 높은 고리 장식입니다.
글씨 그대로 D자 모양입니다.

탈착 가능한 숄더백의 어깨끈, 스냅후크 연결 등에 사용합니다. 테이프 등을 통과시켜서 가방 몸판에 박음질로 고정합니다.

D링 2개를 이용해서 벨트 버클처럼 사용할 수 있습니다.

사각링

길이조절 고리와 세트로 많이 사용하는 고리 장식입니다.
가로, 세로의 폭에 따라 종류가 다양하니, 사용할 웨이빙 테이프의 두께와 디자인 취향에 따라 잘 선택하여 사용합니다.

길이조절 고리로 길이 조절을 할 때, 웨이빙 테이프가 움직일 수 있도록 D링과 같이 테이프 등을 통과시킨 후 박음질로 달아줍니다.

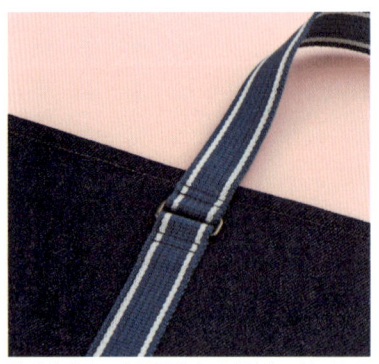

웨이빙 테이프에 연결해서 디자인에 포인트를 줄 때 사용할 수도 있습니다.

O링, 삼각링

O링

D링이나 사각링과 비슷한 용도로 사용하지만, 존재감 있는 모양을 띠고 있어서 디자인에 포인트를 줄 때 사용하면 효과적입니다. 웨이빙 테이프 폭과의 균형을 어떻게 맞추느냐에 따라 가방 분위기를 바꿀 수 있습니다.

D링과 마찬가지로 스냅후크를 연결할 때 사용합니다. 웨이빙 테이프를 통과시킨 후 박음질로 고정해줍니다.

웨이빙 테이프에 연결해서 디자인에 포인트를 줄 때 사용할 수도 있습니다.

O링 2개를 이용해서 벨트 버클처럼 사용할 수 있습니다.

삼각링

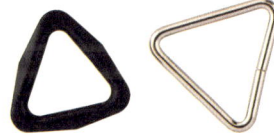

각진 부분은 무언가를 잘 걸 수 있는 모양을 띠고 있으며, 편의성이 아주 좋은 고리 장식입니다.

세 면에 웨이빙 테이프를 통과시킨 후, 한 면은 박음질로 고정하고 배낭용 끈을 걸 수도 있습니다.

D링이나 O링과 같이 스냅후크 연결에 사용합니다.

열쇠고리나 태슬 등 가방 장식을 걸 때 사용할 수 있습니다.

Lesson8

길이조절 고리

'왈자 조리개' 또는 '왈자 버클'이라고 부르기도 합니다.

숄더백 어깨끈을 만드는 방법　＊알아보기 쉽도록 웨이빙 끈의 길이를 짧게 잘랐습니다.

1 폭 2.5cm의 웨이빙 테이프일 경우, 길이조절 고리 내부 치수가 2.5cm인 사각링과 길이조절 고리를 사용합니다.

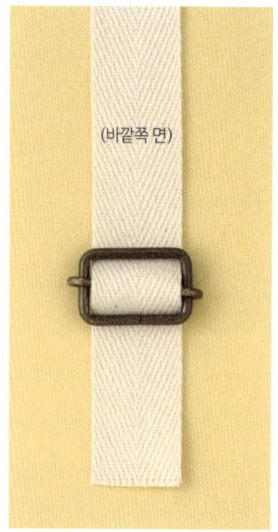

2 웨이빙 테이프 한쪽 끝을 바깥쪽 면이 보이도록 길이조절 고리에 통과시킵니다.

3 안쪽 면에서 웨이빙 테이프를 접어 올린 후, 끝은 1cm 정도 접어 넣어줍니다.

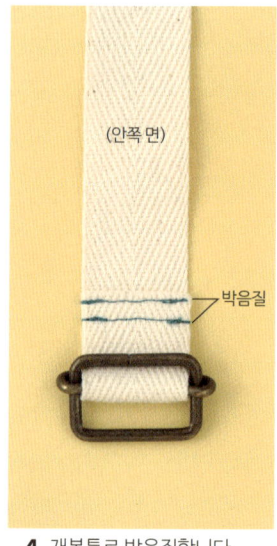

4 재봉틀로 박음질합니다.

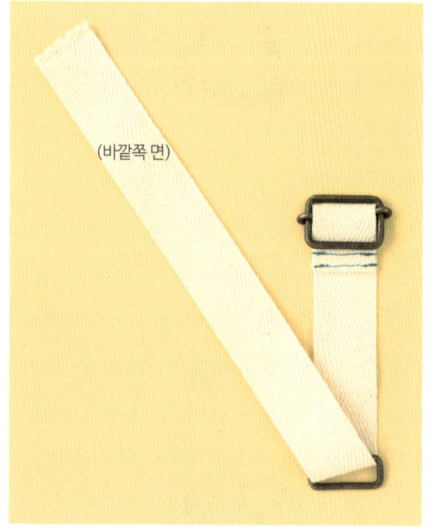

5 반대쪽 끝에 사각링을 통과시킵니다.

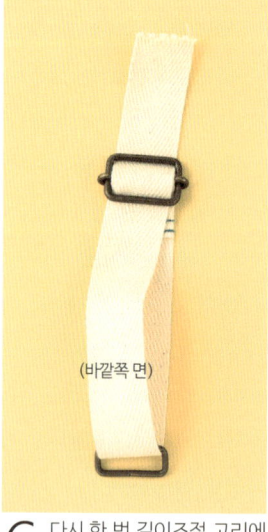

6 다시 한 번 길이조절 고리에 통과시켜줍니다.

7 사각링을 가방에 연결해줄 웨이빙 테이프를 통과시킨 후, 양쪽 끝을 가방에 박음질로 달아줍니다.

스냅후크

고리 한쪽을 벌려서 D링이나 O링 등을 걸어서 사용하는 고리 장식입니다.
크기와 형태가 다양합니다.

웨이빙 테이프 끝부분에 달면 탈착 가능한 숄더백 어깨끈으로도 사용할 수 있습니다. D링 등의 고리 장식 외에 끈이나 테이프로 만든 고리에 연결해서 사용하기도 합니다.

소형 스냅후크는 가는 웨이빙 테이프나 끈을 통과시켜서 조그마한 손잡이를 만들거나, 가방 속에 열쇠고리를 걸어두는 데 사용할 수 있습니다.

소재와 색상이 다양합니다

같은 종류의 고리 장식이라도 색상이 아주 다양합니다. 가방에 사용할 천이나 분위기에 맞춰서 고르면 됩니다. 이들 고리 장식과 같은 모양을 띠며 어린이용품 등에 자주 사용하는 플라스틱 부자재는 가방을 가볍게 만들고, 나일론 천이나 래미네이트 가공 천과 잘 어울리며, 우아한 색상은 어른용 가방에 자주 사용합니다.

왼쪽부터 검정 니켈, 앤티크 골드, 골드, 무광 실버, 니켈(실버).

Q 스냅후크 연결은 어떤 고리 장식이든 사용할 수 있나요?

A D링, O링, 삼각링은 똑같이 사용할 수 있으니 취향에 맞게 골라서 사용하면 됩니다. 하지만 사각링은 균형 잡기가 어려우니 사용하지 않는 것이 좋습니다. 연결할 고리 장식 크기는 스냅후크 고리로 걸 수만 있다면 스냅후크보다 작아도 됩니다.

Q 사용하다 보니 D링이 돌아가 있어요.

A D링의 크기보다 웨이빙 테이프가 가늘거나 웨이빙 테이프로 만든 고리가 너무 길어도 고리가 돌아갑니다. 그럴 때는 D링 주변부를 박음질로 고정합니다. 재봉틀의 노루발이 고리 장식에 닿을 때는 '지퍼용 노루발'로 교체해서 사용합니다.

웨이빙 테이프가 너무 길면 웨이빙 테이프로 만든 고리 안으로 고리 장식이 들어가서 D링이 돌아갈 수 있습니다.

사각링은 각진 부분에 스냅후크가 걸려서 가방을 한쪽으로 치우치게 만듭니다.

D링보다 웨이빙 테이프가 가늘면 고리가 잘 돌아갑니다. 웨이빙 테이프 폭과 D링의 내부 치수가 같은 것을 고릅니다.

D링 주변부에 박음질하여 움직이지 않도록 고정할 수 있습니다.

Lesson8

숄더백 → 실물 크기 패턴지 B면

길이조절 고리와 사각링을 사용하여 어깨끈을 단,
옆판 없이 납작한 모양의 가방입니다.
끈 길이를 조절해서 크로스백으로도 사용할 수 있습니다.

겉감은 두꺼운 면을, 안감은 겉감보다 얇은 면을 사용했습니다. 웨이빙 테이프와 지퍼 색을 맞춰서 세련된 분위기를 연출했습니다.

작은 스냅후크를 안주머니와 연결한 리본 끝부분에 달아봤습니다. 열쇠 등 중요한 물건을 잃어버리지 않게 보관할 수 있습니다.

숄더백

만드는 방법 *천과 실은 알아보기 쉽도록 다른 색을 사용했습니다.

재료
겉감 85×30cm
안감 60×45cm
지퍼(20cm) 1개
그로그랭 리본(굵은 가로무늬를 나타낸 평직
직물. 폭 0.6cm) 30cm
웨이빙 테이프(폭 2.5cm) 1.3m
길이조절 고리(폭 2.5cm) 1개
사각링(폭 2.5cm) 1개
스냅후크(폭 0.7cm) 1개

완성 크기
가로 23cm×세로 31cm(손잡이 길이 미포함)

✚ 제작 시 주의사항
겉감과 안감의 측면을 동시에 박음질하면,
겉감과 안감을 따로 고정할 필요가 없습니다.

재단 배치도(자세한 치수는 103쪽에 있습니다)

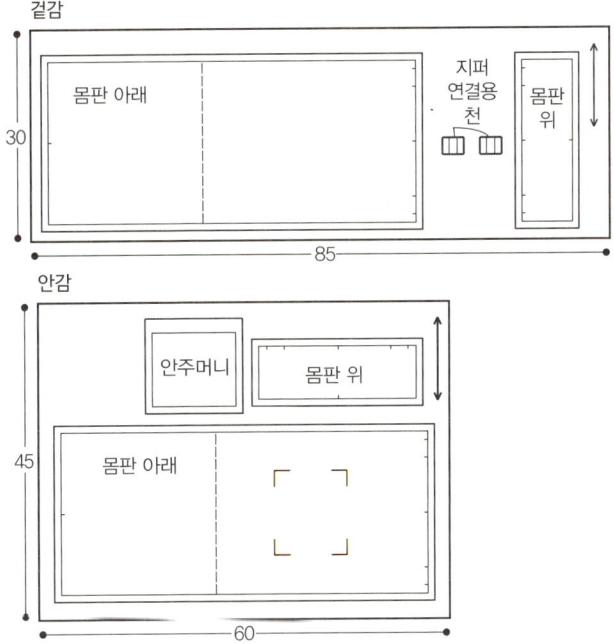

1 그로그랭 리본 끝부분을 스냅후크에 통과시킵니다. 리본 끝부분을 0.5cm→1cm로 두 번 접어서 손바느질로 고정합니다.

2 안주머니 입구를 두 번 접어서 꿰맨 후, 남은 세 면의 시접을 다리미로 다려서 접습니다. 1의 리본 끝부분을 시접에 임시 고정해 줍니다.

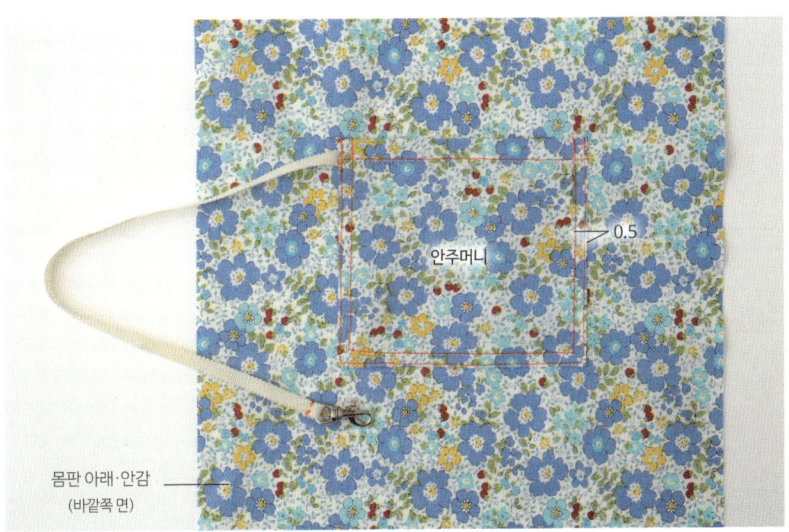

3 몸판 아래·안감에 주머니를 달아줄 위치에 안주머니를 박음질로 달아줍니다.

Lesson 8

숄더백

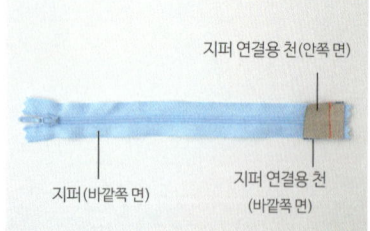

4 지퍼 연결용 천 2장을 지퍼 한쪽 끝부분을 가운데에 두고 안쪽 면이 보이도록 맞붙여서 박음질합니다.

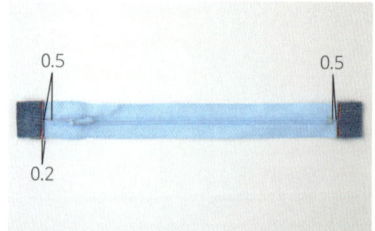

5 4를 바깥쪽 면이 보이도록 뒤집어서 박음질합니다. 반대쪽도 똑같은 방법으로 만들어줍니다.

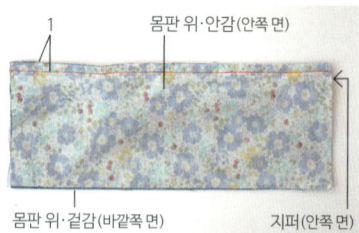

6 몸판 위·겉감과 지퍼를 안쪽 면이 보이도록 맞붙여주고, 몸판 위·안감과 겉감을 겹쳐서 3장을 한번에 꿰맵니다.

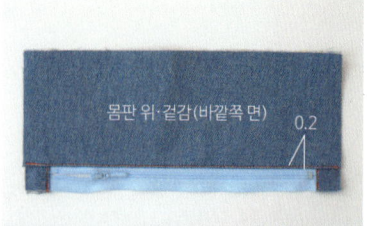

7 몸판 위·겉감과 몸판 위·안감을 바깥쪽 면이 보이도록 뒤집어서 다리미로 다린 후, 박음질합니다.

8 같은 방법으로 몸판 아래·겉감과 안감을 지퍼와 함께 박음질합니다.

9 겉감과 안감을 각각 안쪽 면이 보이도록 반으로 접어서 겹쳐놓습니다.

10 겉감 2장, 안감 2장의 측면을 다 같이 한 번에 박음질해줍니다.

11 안감의 바깥쪽 면이 보이도록 뒤집어줍니다. 58쪽을 참조해서 웨이빙 테이프에 사각링과 길이조절 고리를 통과시켜 어깨끈을 만들고, 겉감 쪽에 웨이빙 테이프 끝부분을 고정해줍니다. 이때, 길이조절 고리 방향(안팎)을 잘 확인해서 달아줍니다.

12 가방 위 부분도 겉감 2장, 안감 2장을 동시에 박음질합니다. 이때 지퍼는 열어둡니다.

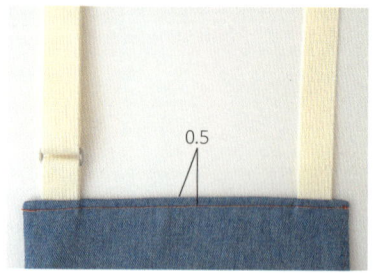

13 지퍼 구멍을 통해 가방 바깥쪽 면이 나오도록 뒤집은 후, 몸판 위를 박음질합니다.

Lesson9

아일릿·리벳

아일릿과 리벳

아일릿과 리벳은 망치로 두드려서 달 수 있습니다.
크기는 작지만, 가방 디자인에 포인트를 줄 수 있는
부자재입니다. 사용 시, 누름쇠와 같은 도구가 필요합니다.

≫ 아일릿과 리벳의 각 용도를 알아봅시다.

아일릿

구멍이란 뜻으로, 끈 등을 통과시킬 수 있는 링 형태의 고리 장식입니다(시중에서는 아일렛으로 부르기도 합니다). 가죽 끈에 사용하는 작은 아일릿부터 굵은 끈을 통과시킬 수 있는 커다란 아일릿까지 종류가 다양합니다. 일반적으로 두드려서 달아주는 타입이 많지만, 크기가 큰 아일릿 중에는 2개의 고리 사이에 천을 두고 양쪽에서 고리를 끼워서 달 수 있는 간편한 타입의 아일릿도 있습니다.

끈으로 된 손잡이를 만들었을 때의 모습입니다. 앞치마 끈을 통과시킬 때도 활용할 수 있습니다.

복주머니형 가방에 끈을 통과시킬 때 사용할 수 있습니다.

스냅후크를 사용하여 탈부착 가능한 손잡이를 연결하는 데 사용할 수 있습니다.

리벳

아일릿과 달리 구멍이 뚫려 있지 않고 버섯 모양을 하고 있으며, 천을 사이에 두고 금속 장식을 양쪽에서 끼워서 달아줍니다. 가죽 손잡이나 데님 등 박음질하기 힘든 두꺼운 소재에도 구멍을 뚫어서 달 수 있습니다. 색상이 다양해서 가방 장식용으로도 사용할 수 있습니다.

재봉틀로 박음질하기 힘든 인조가죽 손잡이를 고정할 때 사용할 수 있습니다.

주머니 입구 쪽이 잘 떨어지지 않도록 보강용으로 달아주거나, 장식용으로 사용할 수 있습니다.

두께감이 있는 웨이빙 테이프도 박음질하기 힘든 소재 중 하나입니다. 디자인에 포인트를 줄 때 한 몫 톡톡히 합니다.

Lesson9

아일릿·리벳

준비물

금속 장식을 가방에 달 때에는 최소한의 도구가 필요합니다.
크기에 맞는 누름쇠와 받침대 등을 세트로 판매하는 곳이 많으니, 처음에 세트로 된 제품을 사두면 편리합니다.

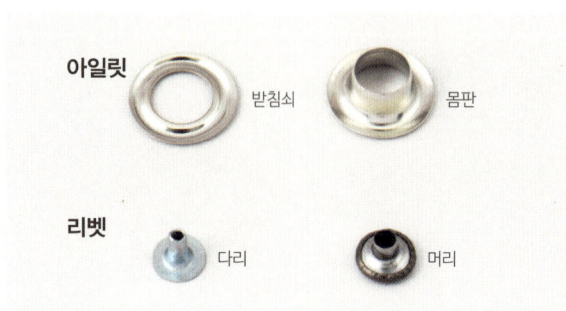

아일릿 · 리벳
아일릿은 몸판과 받침쇠가 한 세트. 리벳은 바깥쪽 면에 달아줄 다리(암)와 머리(수)가 한 세트. ※양쪽 면이 머리(수)로 구성된 타입도 있습니다.

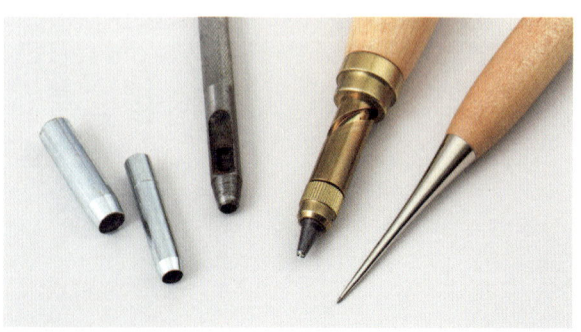

구멍을 뚫어줄 도구
왼쪽부터 세트 부속품인 타공 펀치(2개), 별도로 판매하는 타공 펀치, 스크루 펀치, 송곳입니다. 소형 리벳은 송곳만으로도 충분히 달 수 있습니다.

누름쇠와 받침대
기본적으로 아래에 받침대를 놓고 누름쇠를 쇠망치나 나무망치로 두드려서 박습니다. 왼쪽은 리벳용, 오른쪽은 아일릿용으로 종류가 다양합니다.

비닐판과 고무판
구멍을 뚫거나 끼워 넣을 때 사용하는 비닐판(왼쪽)과 고무판(오른쪽)입니다. 판은 작업 테이블에 바로 올리기보다는 대리석이나 두툼한 쇠판을 받쳐야 더욱 안정적으로 작업할 수 있습니다.

Q 어떤 천이든 달 수 있는 건가요?

A 아일릿과 리벳 모두 기본적으로 얇은 천에는 적합하지 않습니다. 또 니트나 펠트 등 신축성이 있는 천은 늘어나면서 구멍이 커져서 금속 장식이 빠질 수 있습니다. 이런 천에는 안쪽 면에 접착 심을 붙여서 천이 늘어나지 않도록 만든 후에 구멍을 뚫어서 달 수 있습니다.

아일릿 다는 방법

아일릿을 답니다.

※ 이 책에서는 부속품 누름쇠와 받침대 세트를 사용했습니다. 도구와 다는 방법은 상품에 따라 다를 수 있으니 상품 설명서를 참조하세요.

1 아일릿을 달고 싶은 위치에 타공 펀치를 대고 나무망치로 두드립니다.

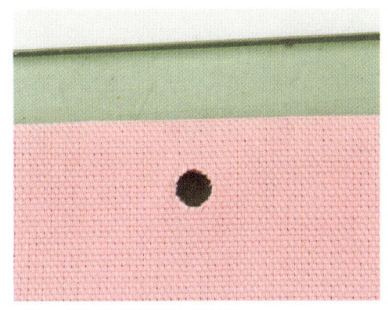

2 구멍이 뚫린 모습입니다.

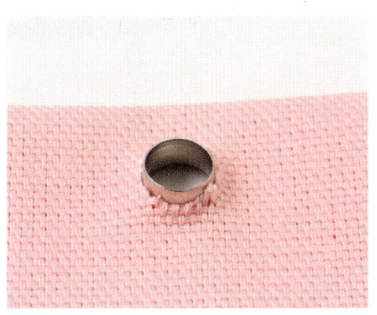

3 아일릿 몸판을 끼워 넣습니다.

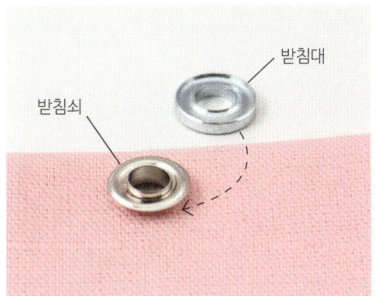

4 천 아래에 받침대를 놓고 받침쇠를 끼워 줍니다.

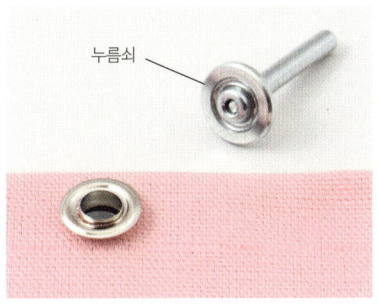

5 누름쇠를 대고 나무 방치로 두드립니다.

6 이때 수직으로 누름쇠를 두드려서 균일하게 힘이 가해지도록 합니다.

7 아일릿 몸판 테두리 부분이 내려와 눌리면서 받침쇠와 맞물려 움직이지 않게 되면 완성입니다.

Q 다시 달고 싶은데 어떡하죠?

A 천에 뚫은 구멍은 원래대로 되돌릴 수는 없지만, 금속 장식을 펜치 등으로 빼내서 새로운 장식을 다시 달 수는 있습니다. 불안할 때는 하나만 시험 삼아 달아본 후에 나머지 금속 장식을 다는 것이 좋습니다.

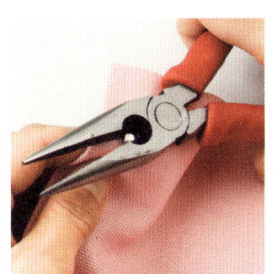 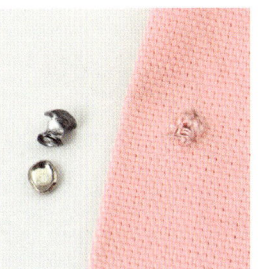

펜치로 찌그러트려서 빼줍니다.

Lesson9

리벳 다는 방법

리벳을 달아봅시다.

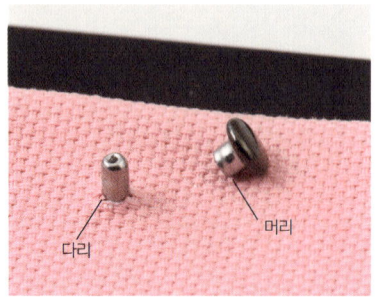

1 아일릿과 똑같은 방법으로 구멍을 뚫어서 다리를 꽂은 후, 머리를 끼웁니다.

2 머리에 맞는 크기의 누름쇠를 갖다 댄 후, 나무망치 등으로 두드립니다. 단면 타입의 리벳을 달아줄 때는 받침대로 평평한 고무판을 깔아두면 좋습니다.

3 리벳이 움직이지 않게 꽉 고정되면 완성입니다.

Q 분명히 잘 달아준 거 같은데 덜컥거려요.

A 천 두께보다 다리 길이가 너무 길 때 덜컥거릴 수 있습니다. 반대로 다리가 너무 짧으면 리벳이 잘 빠집니다. 천의 두께에 맞는 적정한 길이의 다리로 골라서 사용하시기 바랍니다.

천의 두께를 측정해보았습니다.

측정해보니 천이 생각보다 얇다는 것을 알 수 있었습니다. 두께가 부족할 때는 같은 종류의 천을 2~3중으로 덧대거나, 펠트나 퀼트 심을 끼워 넣는 등의 방법으로 두께를 조절해야 합니다.

※ 가방 입구 부분이라고 가정하여 천을 두 번 접어서 천이 세 겹이 되도록 만들어서 측정했습니다.

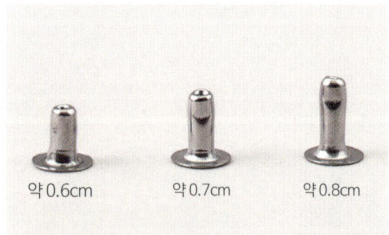

약 0.6cm 약 0.7cm 약 0.8cm

리벳 다리는 길이가 다양합니다.

5온스 데님(3겹) 1.07mm 12온스 데님(3겹) 2.09mm 11호 캔버스 천(3겹) 1.76mm 8호 캔버스 천(3겹) 2.56mm

퀼트 심(1겹) 1.2mm 펠트(1겹) 1.2mm 웨이빙 테이프(2겹) 4.22mm

0.2~0.3

적정한 길이는 구멍을 뚫은 후, 천 위쪽으로 다리가 0.2~0.3cm 튀어나와야 합니다. 오른쪽의 경우는 다리 길이가 너무 깁니다. 아일릿의 경우도 마찬가지입니다. 다리가 너무 길면 천을 덧대서 두께를 조정해서 사용할 수도 있습니다.

복주머니 가방

복주머니 가방 → 실물 크기 패턴지 B면

아일릿으로 끈을 통과시켜서 만든 복주머니 가방입니다.
인조가죽 손잡이는 리벳으로 달았습니다.
크기는 아담하지만,
존재감 있는 디자인이 특징입니다.

겉감은 무광 래미네이트 가공 천, 안감은 얇은 나일론 천을 사용했습니다. 동그랗게 만든 바닥이 균형을 잘 잡아주어 가방을 세워놓을 수 있어 사용하기 편리합니다.

옅은 꽃무늬 천으로 만든 부드러운 인상의 가방에 손잡이 끈과 금속 장식, 끈 조절 장치를 어두운 계열의 색상으로 맞춰서 다부진 분위기도 풍길 수 있도록 연출했습니다.

Lesson9

만드는 방법 ＊천과 실은 알아보기 쉽도록 다른 색을 사용했습니다.

재료
겉감 55×50cm
안감 55×50cm
바이어스 테이프(양쪽에서 접었을 때 폭이 12.7mm인 테이프) 60cm
접착 퀼트 심 20×20cm
아일릿(지름 0.5cm) 12개
리벳(손잡이용, 지름 0.8cm) 8개
리벳(주머니용, 지름 0.6cm) 4개
손잡이용 테이프(폭 1cm) 80cm
끈(지름 0.3cm) 60cm
끈 조절 장치 1개

완성 크기
바닥 지름 15.5cm×높이 27cm(손잡이 길이 미포함)

✦ 제작 시 주의사항
원통형으로 만든 후에는 구멍을 뚫기 어려우니, 겉감에 주머니를 단 후, 안감을 덧대서 한꺼번에 아일릿과 리벳용 구멍을 먼저 뚫고, 주머니에 리벳을 달아줍니다.

재단 배치도(자세한 치수는 104쪽에 있습니다)

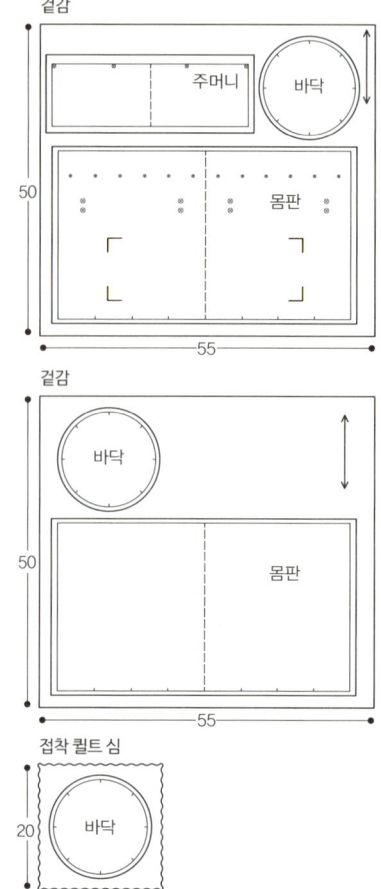

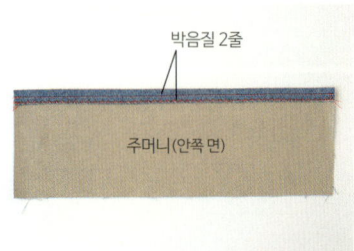

1 주머니 입구 테두리에 재봉틀로 감침질한 후(라미네이트 가공 천을 사용할 때는 불필요한 작업), 천을 한 번 접어서 두 줄로 박음질합니다. 남은 세 면은 다리미로 다려서 접어줍니다.

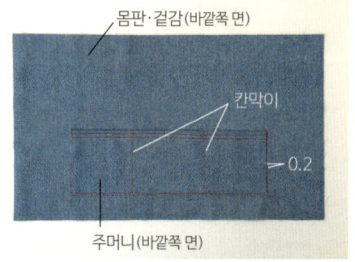

2 몸판·겉감에 위치에 맞춰 주머니를 박음질로 달아준 후, 칸막이를 박음질로 만들어줍니다.

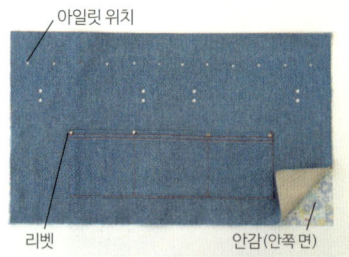

3 몸판·겉감과 안감을 바깥쪽 면이 보이도록 맞붙인 후, 겉감과 안감에 동시에 아일릿용 구멍과 손잡이용 리벳 구멍을 뚫어줍니다. 그리고 주머니에 리벳을 달아줍니다.

복주머니 가방

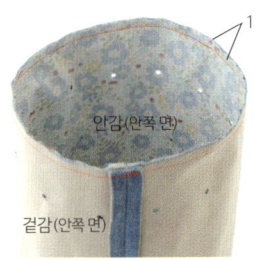

4 몸판·겉감, 안감을 각각 안쪽 면이 보이도록 맞붙여서 원통형 모양이 되도록 박음질합니다. 시접은 양쪽으로 눕힙니다.

5 겉감과 안감을 안쪽 면이 보이도록 맞붙여서 가방 입구를 꿰맵니다.

6 바깥쪽 면이 보이도록 뒤집어서 박음질합니다.

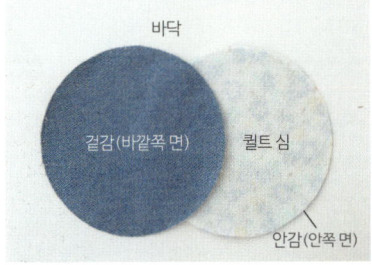
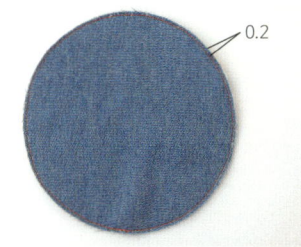

7 바닥 쪽은 안감과 겉감의 시접을 동시에 박음질합니다.

8 바닥을 만들어줍니다. 겉감과 퀼트 심을 붙인 안감을 안쪽 면이 보이도록 맞붙입니다.

9 시접의 가장자리를 박음질합니다.

10 몸판 안감과 바닥 안감을 바깥쪽 면이 보이도록 맞붙여서 박음질합니다.

11 시접을 바이어스 테이프로 마무리(43쪽 참조)합니다.

12 3에서 뚫은 구멍에 아일릿을 답니다.

13 손잡이용 테이프(각 40cm씩)를 리벳을 이용해서 몸판에 답니다. 아일릿 구멍에 끈을 통과시켜서 끈의 양끝을 끈 조절 장치에 통과시킨 후 끈 끝부분을 매듭짓습니다.

Lesson 10

바닥판

바닥판과 가방발

크기가 큰 가방의 편의성을 높여주는 것이 바로 바닥판과 가방발입니다.
가방 바닥 테두리 부분을 힘으로 지지하는 역할을 맡고 있습니다. 외형을 더욱 고급스럽게 연출할 수 있어서, 완성도 있는 가방을 만들 수 있습니다.

바닥판

커다란 가방 바닥 부분을 유지하고, 전체 가방 모양을 유지하기 위해서 바닥에 넣는 보강재입니다. 접착 심보다 바닥 부분 천을 확실하게 잡아주어 가방의 형태를 유지해줍니다.

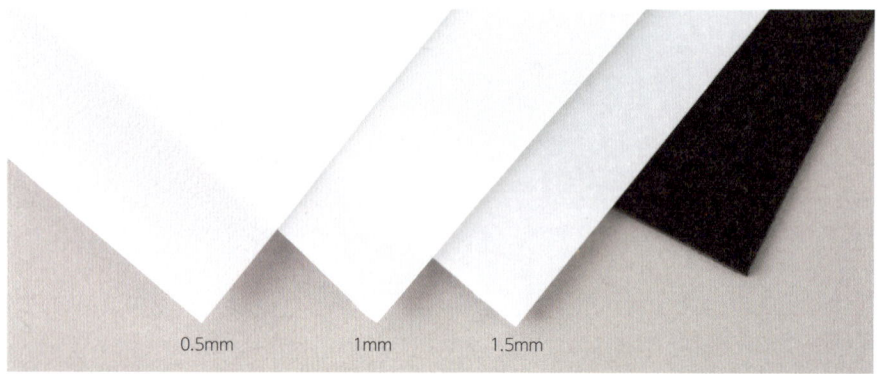

0.5mm　　1mm　　1.5mm

발포 폴리에틸렌 소재가 주를 이루고 두께가 다양합니다. 두꺼울수록 모양을 잘 잡아줍니다. 가위로 자르거나 재봉틀로 박을 수 있고, 물 세척도 가능합니다. 보통 흰색과 검은색이 많습니다.

바닥판을 넣었을 때

바닥판을 넣지 않았을 때

바닥판의 유무에 따라 편의성은 물론 가방 외형의 분위기도 바뀝니다.

바닥판의 크기는?

기본적으로 바닥에 넣었을 때 딱 들어맞도록 완성본(바닥 면적)보다 살짝 작은 치수로 만듭니다. 보통 0.5cm 정도 작게 만들면 됩니다.

'옆판을 통으로 붙여서' 만들 때

'옆판을 집어서' 만들 때

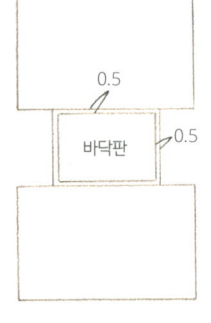

방법 A 바닥판을 따로 만들기

바닥판을 천으로 감싸서 가방 바닥에 넣기만 하면 되는 간단한 방법.
바닥판이 움직이는 것이 싫다면, 가방 시접을 가볍게 박음질로 고정할 수 있습니다.
안감이 없는 가방이나 손가방은 나중에 바닥판을 넣어줄 수도 있습니다.

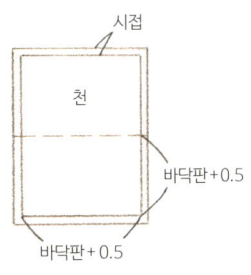

1 바닥판 크기에다 시접과 여유분을 살짝 더한 크기로 천을 재단합니다.

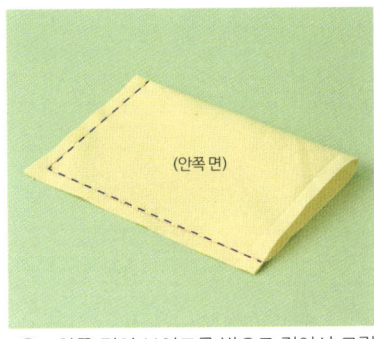

2 안쪽 면이 보이도록 반으로 접어서 그림처럼 두 면을 박음질합니다.

3 바깥쪽 면이 보이도록 뒤집어서 다리미로 모양을 잡아준 후, 박음질하지 않은 쪽으로 바닥판을 넣어줍니다.

4 시접을 안쪽으로 밀어넣은 후 감침질합니다.

바닥판 귀퉁이는 동그랗게 잘라준다.

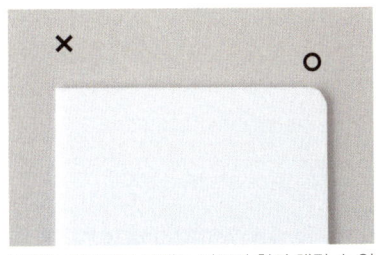

뾰족한 귀퉁이를 그대로 넣으면 천이 해질 수 있으니, 가로로 동그랗게 잘라줍니다.

Q 바닥판을 대용할 수 있는 게 있을까요?

A 두꺼운 부직포 접착 심을 몇 장 겹칩니다. 폴리에틸렌 심보다 부드러우며 다루기 쉽다는 장점이 있습니다. 두께와 단단함은 몇 장을 겹쳐본 후에 조절합니다.

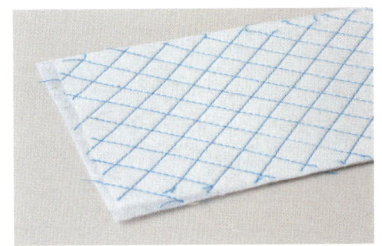

부직포 심을 4장 겹쳐서 만든 바닥판입니다. 재봉틀로 고정하면 더 튼튼해집니다. 심을 겹쳐서 다리미로 접착해서 박음질한 뒤, 다시 재단합니다.

Lesson10

바닥판

방법 B 바닥판을 가방에 고정하기

천으로 감싼 바닥판을 옆판 시접에 고정해서 같이 처리합니다.
안감이 없는 가방에 추천하는 방법입니다.

1 방법 A와 같은 치수로 바닥판을 감쌀 천을 재단하여, 안쪽 면이 보이도록 반으로 접어서 한쪽 면만 꿰맵니다.

2 바깥쪽 면이 보이도록 뒤집어서 다리미로 모양을 잡은 후, 바닥판을 넣어줍니다.

3 양쪽 측면에 박음질합니다.

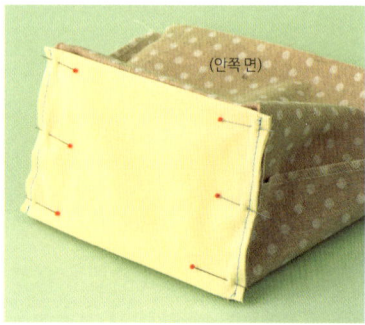

4 가방 바닥 안쪽 면에 덧댄 후, 옆판의 시접에 맞춰서 시침핀으로 임시 고정해줍니다.

5 가방과 바닥판 시접을 바이어스 테이프로 같이 마무리합니다.

방법 C 바닥판을 안감에 고정하기

안감이 있는 가방에만 사용할 수 있는 방법입니다. 미리 안감 안쪽 면에 바닥판을 박음질로 고정한 후, 겉감에 덧대서 만드는 방법입니다. 판이 달린 채로 천을 박음질해야 해서, 박음질이 힘들 수도 있습니다.

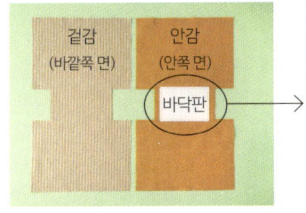

안감 안쪽 면 바닥 부분에 바닥판을 놓고 박음질로 고정합니다.

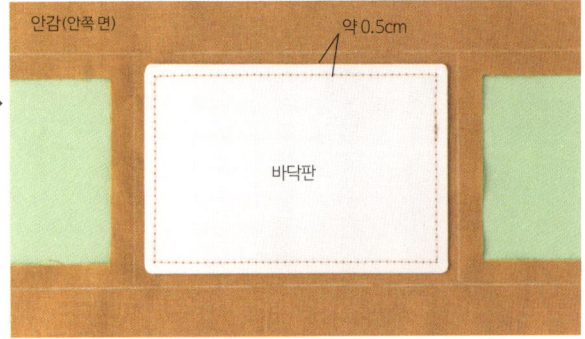

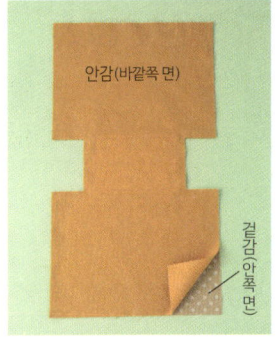

겉감과 안감을 바깥쪽 면이 보이도록 맞붙여서 임시 고정한 후, 가방 측면 부분과 옆판을 박음질하여 마무리합니다.

방법 D 바닥판을 마지막 단계에 넣기

방법 C와 같이 겉감과 안감을 같이 박음질하는 방법인데 바닥판을 안감에 고정하는 것이 아니라 마지막에 넣어 마무리합니다.

'옆판을 통으로 붙여서' 만들 때

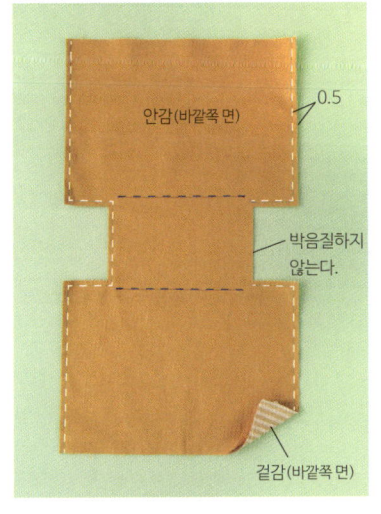

'옆판을 십어서' 만들 때

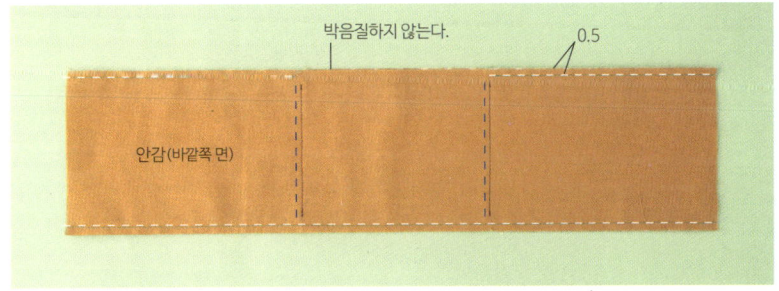

사진 왼쪽 위: 겉감과 안감을 바깥쪽 면이 보이도록 맞붙여서 박음질합니다. 바닥의 두 면(파란색 점선)에는 바닥판이 어긋나지 않도록 박음질해주고, 재단선 테두리(흰색 점선)는 한쪽 면을 남겨두고 겉감과 안감을 임시 고정용으로 박음질합니다.

박음질하지 않은 부분을 제외하고 모두 박음질로 시접을 만들어줍니다. 바닥판을 넣은 후, 박음질 하지 않은 한쪽 면을 박음질로 마무리합니다.

Lesson10

가방발

가방발

가방 바닥에 고정해서 바닥이 더러워지거나 닳는 것을 방지하는 부자재로, 가방징, 속고발, 소꼬발 등으로 부르기도 합니다. 크기와 색상이 다양하니 가방 분위기에 맞는 것으로 선택합니다.

리벳과 같은 방법으로 2개의 부속품으로 장착할 수 있습니다.

가방발을 다는 방법

가방발에 흠집이 나는 것을 방지하기 위해서 고무판 위에 천이나 수건을 올려서 작업합니다.

리벳용 누름쇠를 대고서 나무망치 등으로 두드립니다. 가방발이 움직이지 않게 고정하면 됩니다.

가방발을 달아줄 위치

바닥의 면적이 넓을 경우, 네 귀퉁이에만 가방발을 달면 바닥 무게가 가운데로 쏠릴 수도 있으니 바닥 면을 지탱할 수 있도록 5개를 달아줍니다. 작은 가방은 4개로도 충분합니다. 바닥 가장자리에서 1cm 이상 떨어진 위치에 달아줍니다.

기본

그 외에도…

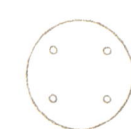

1cm 이상 떨어진 곳에 달아준다.

가방발은 어느 단계에서 달아야 하나요?

바닥판을 안감에 고정할 때는 고정하면서 바로 달아도 되지만, 바닥판을 나중에 넣어줄 때는 마지막에 달아줍니다. 가방을 다 만든 뒤에는 구멍 뚫기가 힘드니, 구멍은 미리 뚫어둡니다.

가방을 만든 후에 천과 바닥판에 대고 가방발 부속품을 두드려서 끼워넣습니다.

Q 가방발은 바닥판과 같이 사용해야 하는 건가요?

A 가방발은 가방 바닥 면이 땅바닥에 닿는 것을 방지하기 위해 달아주는 것이므로, 기본적으로 바닥판으로 모양을 잘 잡아줘야 효과적으로 사용할 수 있습니다.

바닥판을 넣지 않았을 때

바닥판을 넣었을 때

두께감이 있는 천으로 만든 가방에는 웨이빙 테이프로 부분적으로 바닥을 지탱하듯이 달아주면 따로 바닥판을 넣지 않아도 튼튼하게 보강할 수 있습니다. 몸판 모양도 흐트러지지 않도록 안감을 덧대면 좋습니다.

Lesson10

보스턴백 → 실물 크기 패턴지 B면

1박 여행 정도의 짐을 넣을 수 있는 보스턴백.
이 가방을 만들 정도라면,
웬만한 가방은 모두 섭렵했다고 볼 수 있습니다.
퀼팅 천이나 래미네이트 가공 천, 캔버스 천 등 사용 용도에
맞춰 천을 골라서 즐겁게 도전해보면 어떨까요?

겉감은 세련된 고블랭 천(색실로 짜낸 프랑스제 직물), 안감은 면에 색을 입힌 무명천을 사용했습니다. 인조 가죽 손잡이뿐 아니라 어깨끈을 탈·부착할 수 있는 스냅후크가 있어서, 두 가지 방법으로 들고 다닐 수 있습니다.

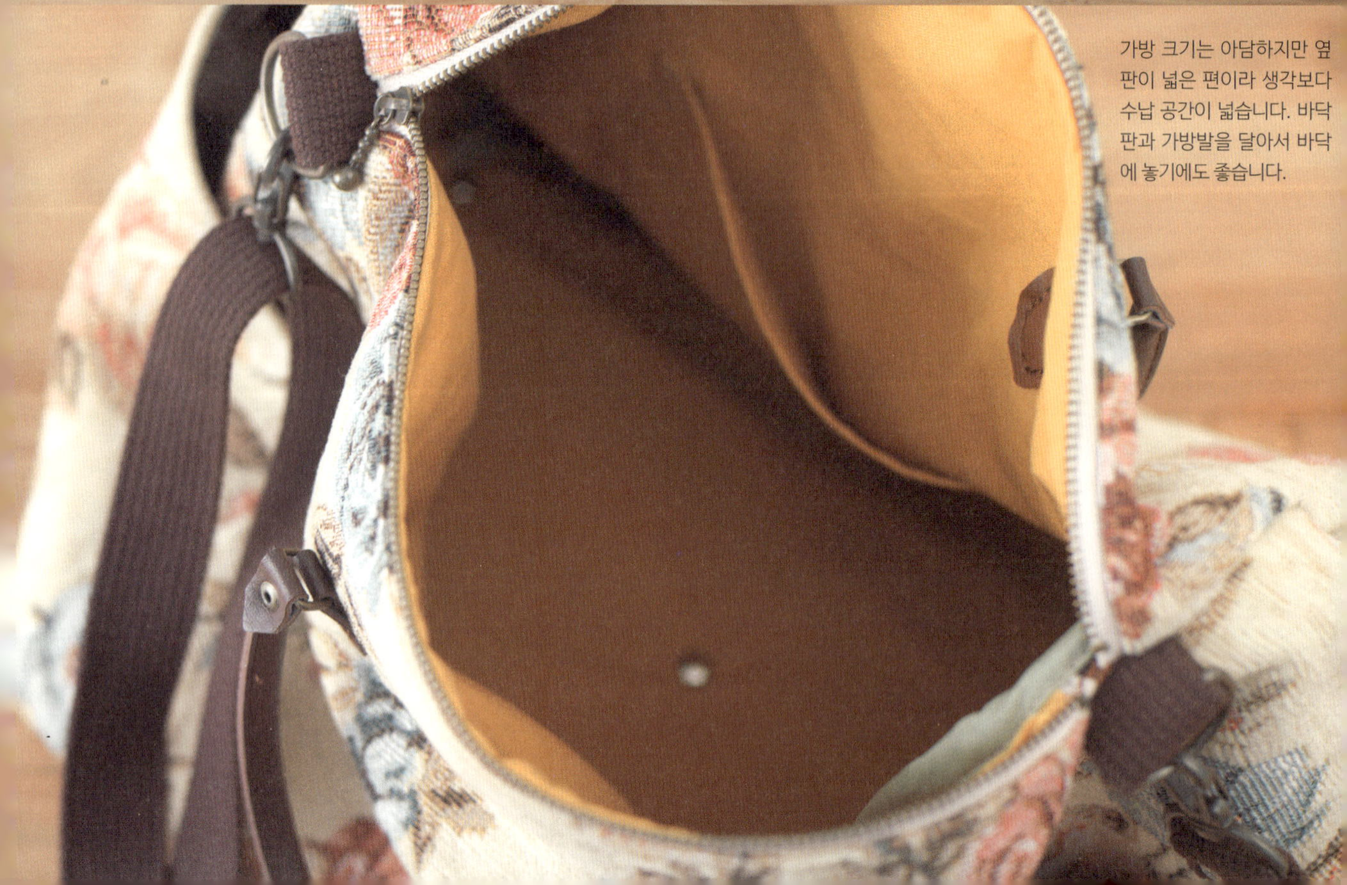

가방 크기는 아담하지만 옆판이 넓은 편이라 생각보다 수납 공간이 넓습니다. 바닥판과 가방발을 달아서 바닥에 놓기에도 좋습니다.

보스턴백

만드는 방법 *천과 실은 알아보기 쉽도록 다른 색을 사용했습니다.

재료
겉감 110×60cm
안감 110×60cm
접착 심(필요한 경우 준비) 85×80cm
바이어스 테이프(양쪽에서 접었을 때 폭이 18mm인 테이프) 2m
늘어짐 방지 테이프(폭 0.9cm) 70cm
지퍼(30cm) 1개
바닥판(두께 1.5mm) 30×20cm
가방발(지름 1.5cm) 5개
D링(폭 2.5cm) 2개
길이조절 고리(폭 2.5cm) 1개
스냅후크(폭 2.5cm) 2개
웨이빙 테이프(폭 2.5cm) 1.7m
리벳(폭 0.5cm) 4개
인조가죽 손잡이 1쌍

완성 크기
가로 31cm×세로 24cm, 옆판 폭 21cm(손잡이 길이 미포함)

✚ 제작 시 주의사항
안감 바닥의 1면을 박음질하지 않은 채로 둔 후, 바닥판을 마지막에 넣어서 만드는 방법(73쪽 참조)입니다. 사진 속 완성된 가방의 겉감은 부드러운 고블랭 천을 사용해서 겉감 안쪽 면에 접착 심을 붙여서 가방 모양이 잘 잡히도록 만들었습니다.

재단 배치도(자세한 치수는 105쪽에 있습니다)

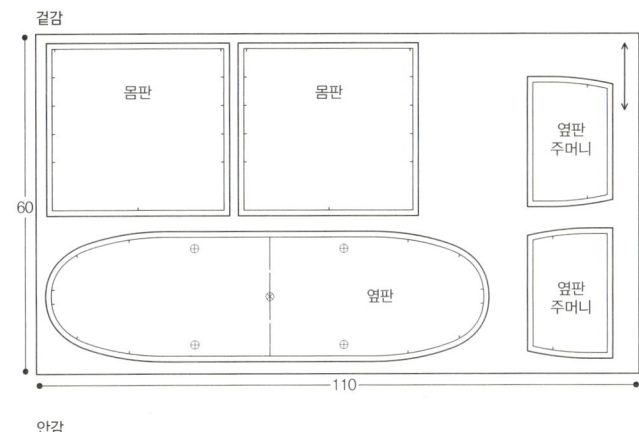

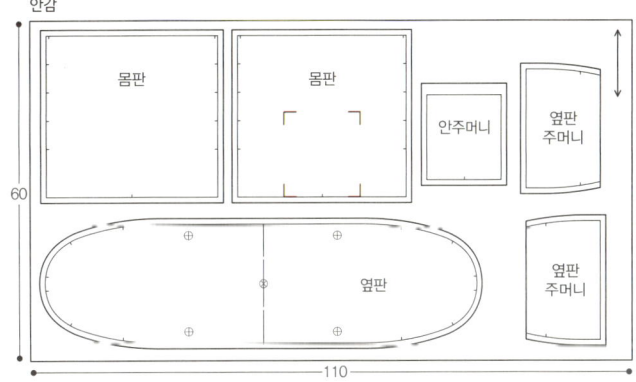

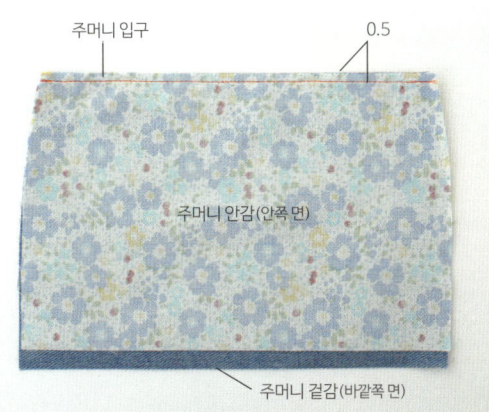

1 주머니 안감과 겉감을 안쪽 면이 보이도록 맞붙여서 주머니 입구 쪽을 같이 꿰맵니다.

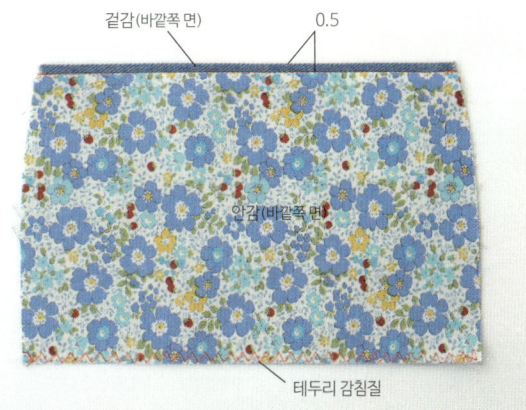

2 바깥쪽 면이 보이도록 뒤집어서 바닥 부분을 잘 맞춘 후, 주머니 입구 부분을 다리미로 다립니다. 바닥 부분은 두 장을 같이 감침질한 후, 주머니 입구를 박음질합니다.

Lesson 10

3 옆판 겉감과 안감의 바닥 부분에 가방발을 달 위치에 구멍을 뚫어줍니다. 옆판 겉감 위에 주머니 안쪽 면이 보이도록 올린 후, 주머니 바닥 쪽을 박음질합니다.

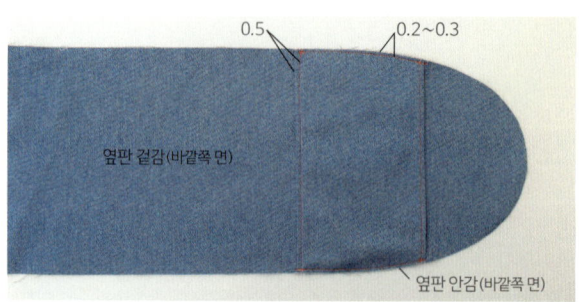

4 주머니를 바깥쪽 면이 보이도록 뒤집어 접은 후, 바닥 쪽을 박음질합니다. 주머니 측면 시접을 옆판 겉감에 임시로 고정해줍니다. 반대쪽도 똑같이 만듭니다.

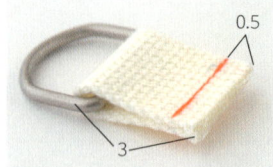

5 웨이빙 테이프를 6cm로 잘라서 D링에 통과시켜서 반으로 접은 후, 테이프 끝을 박음질로 고정합니다. 같은 방법으로 하나를 더 만들어줍니다.

6 옆판 겉감과 안감을 맞붙여서 가장자리를 박음질로 고정한 후, **5**를 임시로 고정합니다. 바닥 부분의 1면은 나중에 바닥판을 넣어야 하니, 바느질하지 않고 남겨둡니다.

7 안주머니의 주머니 입구를 0.5cm 너비로 두 번 접어서 박음질한 후, 시접을 마감선에 맞춰 접어서 몸판 안감에 박음질로 달아줍니다.

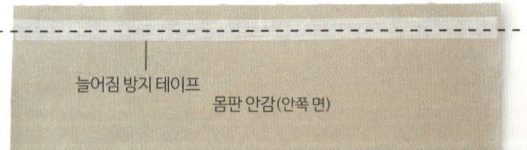

8 몸판 겉감의 가방 입구(지퍼를 달아줄 쪽) 마감선에 맞춰서 늘어짐 방지 테이프(시중에서는 다대 테이프로 부르기도 합니다)를 붙입니다.

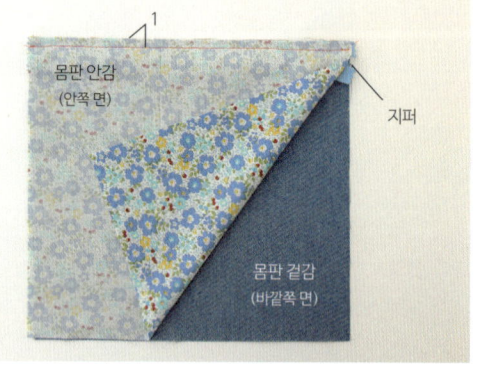

9 지퍼를 답니다(29쪽 참조).

보스턴백

10 시접을 겉감 쪽으로 눕혀서 겉감 쪽에만 박음질합니다. 반대쪽도 똑같이 합니다.

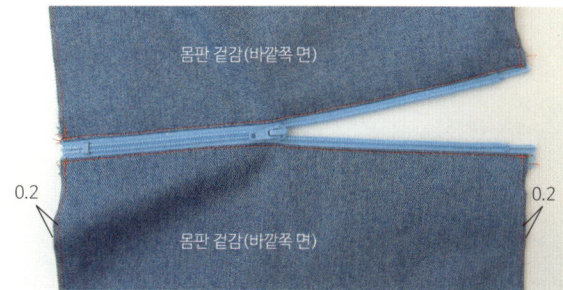

11 겉감과 안감을 바깥쪽 면이 보이도록 맞붙여서 동시에 시접을 박음질합니다.

12 몸판과 옆판을 안쪽 면이 보이도록 맞붙인 후 비닥판을 넣을 입구 반대쪽을 마감선에 맞춰서 박음질합니다.

13 옆판 쪽 시접에 가위집을 넣어줍니다 (옆판 귀퉁이를 꿰매는 방법은 20쪽 참조).

14 옆판의 곡선 부분에 맞춰서 박음질합니다. 반대쪽도 바닥판을 넣을 입구를 제외하고 똑같은 방법으로 박음질합니다.

15 곡선 부분의 시접을 바이어스 테이프로 마무리합니다 (43쪽 참조). 귀퉁이 부분은 박음질하지 말고 남겨둡니다.

79

Lesson10

보스턴백

17 바닥판에 가방발을 달 위치 다섯 군데에 구멍을 뚫어줍니다.

16 바닥판을 넣을 입구 반대쪽을 바이어스 테이프로 마무리합니다. 박음질하지 않고 남겨둔 귀퉁이는 바이어스 테이프를 위로 접어서 박음질해줍니다.

18 바닥판을 넣으려고 박음질하지 않았던 쪽으로 바닥판을 넣습니다.

19 바닥판을 넣은 입구 쪽을 박음질한 후, 바이어스 테이프로 마무리합니다.

20 가방발을 달아줍니다.

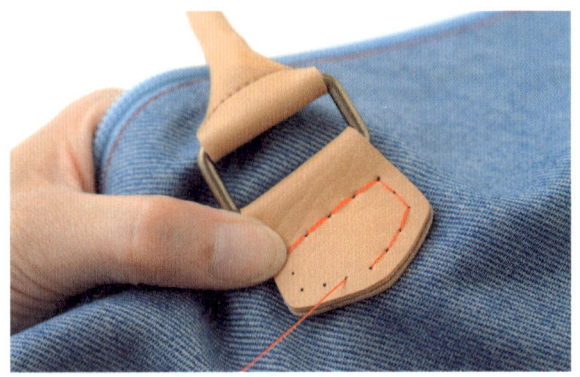

21 손잡이를 박음질(55쪽 참조)로 달아줍니다.

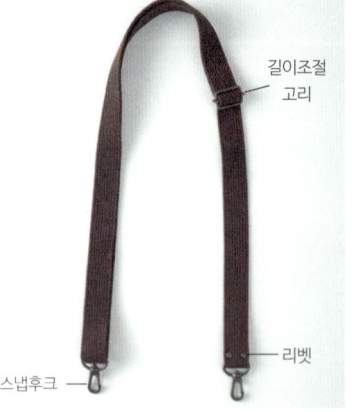

22 웨이빙 테이프(150cm)에 길이조절 고리와 스냅후크(사용 방법은 58쪽 참조)를 통과시킨 후, 테이프 끝부분을 두 번 접어 리벳으로 고정하여 어깨끈을 만듭니다.

더 예쁜 가방을 만들기 위한 보충수업

가방 만들기 전반에 도움이 되는 기본적인 사항입니다.
알아두면 가방 만들기가 더 즐거워지고 완성도가 높아집니다.

다리미 끝손질과 원단 선세탁

재단하기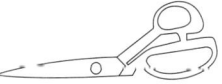

재봉틀로 박음질하기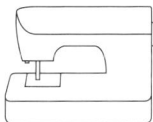

다림질하기

송곳 사용하기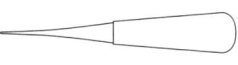

더 예쁜 가방을 만들기 위한 **보충수업**

다리미 끝손질과 원단 선세탁

다리미 끝손질이란?

천(직물)은 날실과 씨실로 엮여 있습니다.
그 실이 직각으로 교차하고 있어야 천의 상태가 좋다고 할 수 있는데, 천이 일그러져 있거나, 천 가장자리 쪽이 당겨져서 씨실이 대각선으로 틀어져 있을 때가 있습니다.
그 상태로 재단해서 박음질하면, 나중에 천이 본래 결대로 돌아와 모양이 일그러지면서 가방에 변형이 생길 수 있습니다.
이런 현상을 방지하기 위해서 재단 전에 옷감의 결을 정돈해주는 것이 바로 다리미 끝손질입니다.

천의 식서 방향이란?

식서란 천의 곧은 가장자리와 평행을 이루는 결의 방향을 말합니다. 천의 식서 방향을 패턴지에 표시된 천의 올 방향에 맞춰서 재단해야 합니다. 직선으로 표시된 패턴지일수록 천의 올 방향을 잘 맞춰줘야 가방 모양이 깔끔하게 완성됩니다.

바이어스란?

바이어스란 천의 올 무늬 방향에 대해 대각선으로 45° 각도인 상태를 말합니다. 직물은 바이어스 방향으로 잡아당기면 늘어나는 성질이 있는데, 이 성질을 이용한 것이 바이어스 테이프입니다. 직선이나 곡선에서도 한쪽으로 당겨지지 않으며, 모가 나거나 주름 잡히지 않게 가장자리를 두를 수 있어 직물 가장자리 마무리에 사용하기 적합합니다.

다리미 설정 온도

소재	적정 온도
면·마	고온(180~210도)
모피·실크	중온(140~160도)
화학섬유 (나일론, 폴리에스터, 레이온, 아크릴 등)	저온(80~120도)

이 표는 일반적인 기준입니다.
자투리 천으로 시험해본 후, 다림질하기 바랍니다.

천의 올 방향을 정돈하는 방법

1 먼저 천의 올 방향을 눈으로 확인합니다. 체크무늬 천은 올이 일그러진 것이 쉽게 눈에 띕니다. 그림에서도 씨실이 왼쪽 아래 방향으로 내려가 있어 일그러진 것을 바로 확인할 수 있습니다. 이 상태로 재단하면 체크무늬가 대각선 방향으로 일그러진 상태로 가방이 만들어질 수 있습니다.

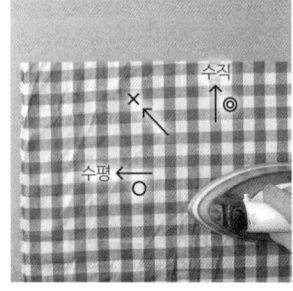

2 천을 잡고서 일그러진 부분을 펴고자 하는 방향으로 잡아당겨서 손으로 적당히 방향을 고친 후, 다리미를 천의 올을 따라 수평, 수직 방향으로 다려줍니다. 대각선(바이어스)으로 다리면 천이 늘어날 수 있으니 최대한 천의 올 방향을 따라 다립니다.

3 일그러졌던 부분이 없어지고, 날실과 씨실이 직각이 되면 다리미 끝손질이 마무리됩니다.

천의 올 방향을 정돈할 수 없는 천

래미네이트 가공 천

비닐 코팅으로 가공해서 천의 올 무늬가 움직이지 않으므로, 다리미로 끝손질을 할 수 없습니다. 체크무늬나 물방울무늬가 대각선으로 늘어난 상태로 가공된 천은, 천의 올 방향보다 체크무늬나 물방울무늬를 중심으로 재단합니다. 어떤 방향으로 재단해도 잘 늘어나지 않기 때문입니다.

퀼트 천

천과 천 사이에 퀼트 심을 넣고 박음질로 눌러놓은 상태이므로, 따로 천의 올 방향을 정돈할 수 없습니다. 겉감 바깥쪽 면의 올 무늬를 중심으로 재단하면 됩니다.

원단 선세탁

나중에 세탁으로 인해 천이 줄어드는 것을 방지하기 위해
천을 미리 물에 담가놓는 작업을 말합니다.
가방을 다 만든 후에 천이 줄어들면 치수가 변해서,
원래 가방에 넣을 수 있는 물건도 넣지 못하게 되기도 합니다.
천에 따라서 수축 정도가 달라서, 안감에는 거의 수축이 일어나지 않았는데
겉감에만 수축이 일어나서 가방 모양이 틀어질 수도 있습니다.
작업 전에 미리 선세탁을 해두면, 이러한 상황을 방지할 수 있습니다.

선세탁 방법

물에 담근다.
전체적으로 골고루 물에 적셔 줍니다(그냥 세탁기로 세탁해도 됩니다).

탈수한 후 말린다.
가볍게 탈수합니다. 너무 많이 탈수하면 주름이 생길 수 있으므로 주의해야 합니다. 천의 올 방향이 일그러지지 않도록 넓게 펴서 그늘진 곳에서 자연 건조합니다.

다리미로 천의 올 무늬를 정돈한다.
82쪽을 참조해서 다리미로 천의 올 무늬를 정돈해가며, 완전히 말립니다.

선세탁 적합 여부를
쉽게 결정할 수 없을 때는?

선세탁은 반드시 거쳐야 하는 과정은 아닙니다.
가방을 다 만든 후, 세탁하기 전에 다리미로 끝손질을 하는 방법도 있습니다.
선세탁을 해도 되는 천인지는 천을 살 때 구매처에 문의해보면 됩니다.
적합 여부를 확인할 수 없거나 어떻게 해야 할지 알 수 없는 상황이라면
그냥 선세탁을 하는 것이 좋습니다.

자투리 천을
이용해서 확인한다.

수축이 잘되는 대표적인 천은 '마'와 '면'입니다. 천에 여유분이 있을 때는 자투리 천을 이용해서 확인합니다.

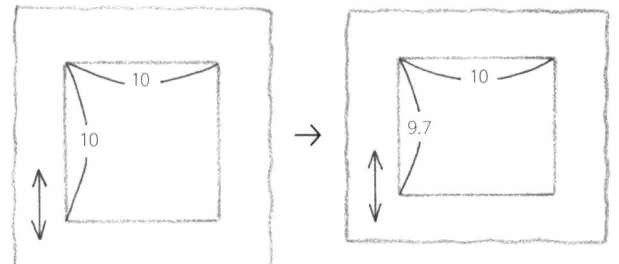

볼펜처럼 가늘고 물에 지워지지 않는 펜을 사용해서 자투리 천에 10×10cm 정사각형을 그려줍니다. 물에 담가서 말린 후, 다리미로 다려줍니다.

정사각형의 치수를 쟀을 때 사각형의 길이가 줄어들었다면, 원단 선세탁을 해야 합니다. 전체적으로 천이 줄어드는 것보다 날실 방향으로 3% 정도 줄어들 때가 많습니다.

이럴 때도 선세탁을 해야 한다.

천을 접어서 생긴 주름이나 천 한가운데 생긴 접힌 선 등은
다리미로도 잘 펴지지 않는 경우가 있습니다.
그런 주름은 선세탁을 이용하면 효과적으로 없앨 수 있습니다.
다리미로 다려서 깔끔하게 주름이 펴지지 않는다면,
선세탁을 해보면 됩니다.

재단하기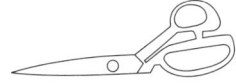

가위는 천의 수직 방향으로 둔다.

깔끔하게 가방을 만들기 위해서는
먼저 천을 패턴지대로 정확하게 재단해야 합니다.
천을 대충 재단하면,
만드는 과정에서 수습하기 어려워지기 때문입니다.
재단용 가위를 사용할 때는 천의 수직 방향으로 재단합니다.

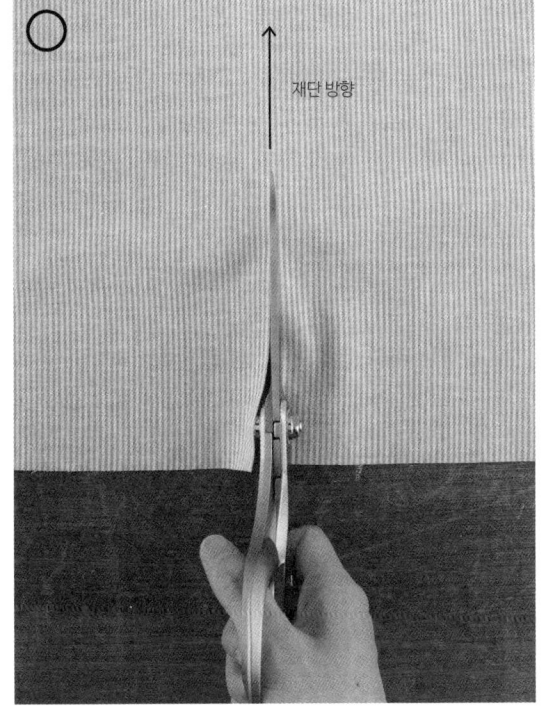

책상과 같이 평평한 곳에 올려놓고 가위 날이 공중에 뜨지 않도록 한 후 잘라야 합니다. 천을 겹쳐서 재단할 때 가위 날이 공중으로 뜬 상태로 사르번, 천이 어긋나게 갈릴 가능성이 높고, 재단선도 휠 수 있으므로 주의해야 합니다.

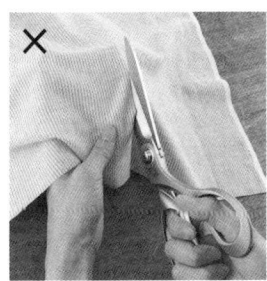

패턴지를 본떠서 재단한다.

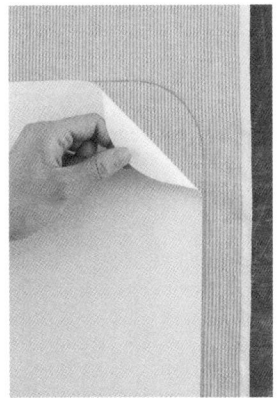

1 패턴지를 천에 올려놓고 문진으로 고정한 후, 초크 펜슬 등을 이용해서 테두리를 따라 그립니다.

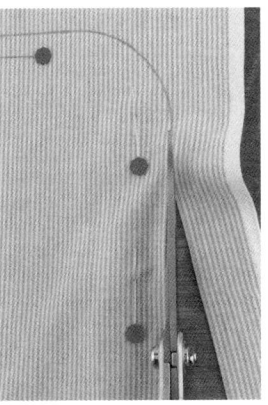

2 본뜬 선을 자를 때 선 안쪽을 따라서 재단합니다.

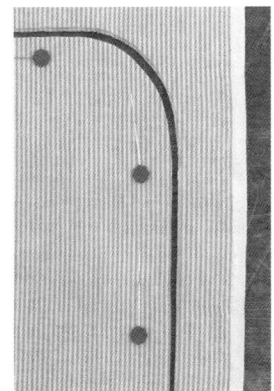

3 본뜰 때는 패턴지 바깥쪽을 따라 그린 후, 선 안쪽을 따라 자르면, 패턴지와 같은 크기로 재단할 수 있습니다.

더 예쁜 가방을 만들기 위한 **보충수업**

일정한 방향으로 무늬가 들어간 천 재단법

무지나 작은 꽃무늬가 일정 방향으로 들어가지 않은 천은 올 방향만 맞춰주면 되지만,
위아래 구분이 있는 무늬가 들어간 천은 주의해야 합니다.
일정한 방향으로 무늬가 들어간 천은 패턴지를 한 방향으로 배치한 후,
무늬의 방향이 맞는지 확인한 후에 재단해야 합니다.

바닥을 '통'을 연결해서 만들 때

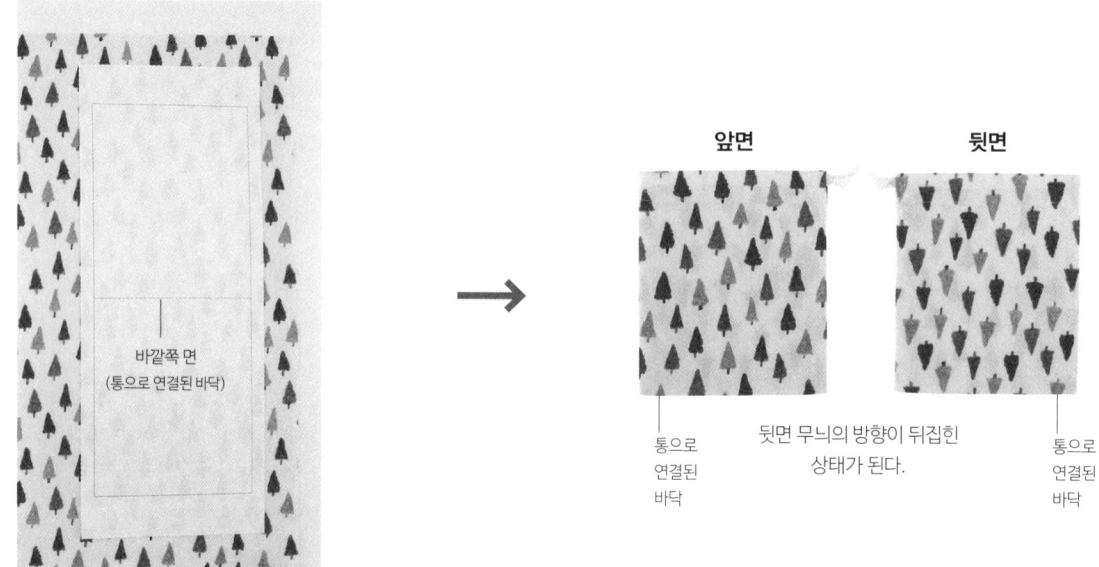

바닥 천을 잇대서 만들 때

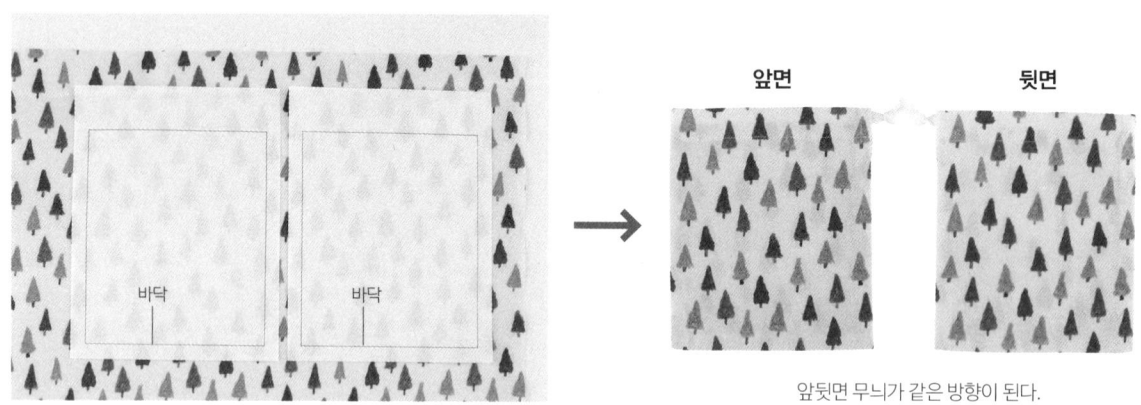

재단하기

나에게 맞는 가위를 선택한다.

재단용 가위의 재질은 크게 나누면,
오래전부터 사용되던 철제 가위와 스테인리스제 가위가 있습니다.
철제 가위는 녹은 잘 스는 편이지만, 날이 무뎌졌을 때 갈아주면
오랫동안 사용할 수 있습니다. 반면 스테인리스제 가위는 가볍고 녹이 잘 슬지 않습니다.

가위의 부위별 명칭

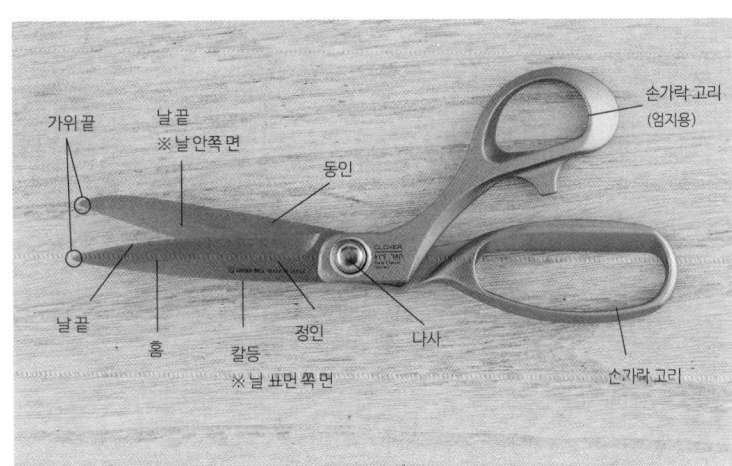

크기는?

일반적으로 재단용 가위의 치수는 24cm입니다. 그 외에도 작은 가위는 22cm, 큰 가위는 26cm 등이 있습니다. 가위는 실제로 쥐어 보고 크기와 무게를 확인해서 구매하는 것이 좋습니다.

24cm   26cm

가위 날을 유지하기 위해서

아무것도 자르지 않는 상태에서 가위 날을 움직이는 '헛가위질'은 날을 상하게 하는 원인이 됩니다. 또 책상 위 등의 공중에서 가위를 떨어뜨리면, 날 끝이 무뎌지거나 나사가 느슨해져서 가위 날과 내구성이 손상될 수 있으므로 주의해야 합니다. 가위를 사용한 후에는 반드시 날을 닫은 채로 보관하는 습관을 들여야 합니다.

더 예쁜 가방을 만들기 위한 **보충수업**

재봉틀로 박음질하기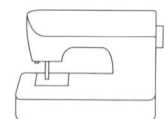

재봉틀을 세팅한다.

재봉틀을 사용할 때는 박음질을 시작하기 전이 가장 중요합니다.
세팅하지 않고 바로 박음질을 시작하면, 처음부터 실이 엉키거나,
박음질 도중 바느질 땀이 이상해지는 경우가 많습니다.
이미 박음질된 부분을 풀어서 다시 박음질하면, 천도 상하고 보기에
지저분합니다.
먼저 재봉틀을 제대로 세팅해서 실 상태를 잘 맞춥니다.
재봉틀 사양은 제조사나 기종에 따라 다르니,
갖고 있는 재봉틀의 사용 설명서를 잘 확인해야 합니다.

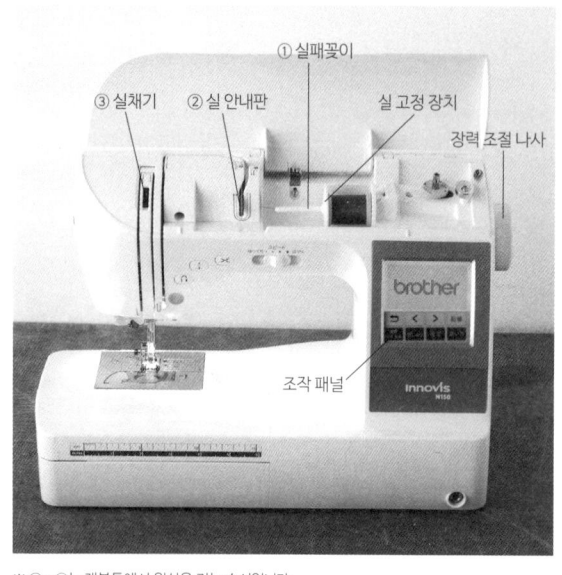

○ **밑실**
실패에 밑실이 제대로 감겨 있지 않으면, 실의 장력이 불안정해져서 문제 발생의 원인이 되기도 합니다. 또 가마(밑실 감는 부분)에 먼지가 쌓였거나 실로 막혔을 때도 실의 장력이 안 좋아질 수도 있으니, 주기적으로 청소합니다.

 ○ 실이 균일하게 감긴 상태

 × 실이 느슨하고 고르게 감기지 않은 상태. 밑실을 감을 때의 실 안내판에 실이 잘 걸려 있지 않을 때, 이렇게 되는 경우가 많습니다.

○ **윗실**
실을 순서대로 세팅합니다. 한 군데라도 잘못 걸면, 박음질이 원활하게 되지 않습니다.

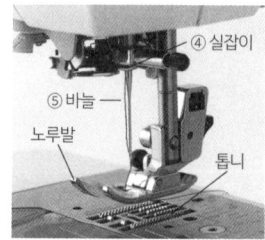

실로 바늘을 감으면 안 됩니다.

※ ①~⑤는 재봉틀에서 윗실을 거는 순서입니다.

본바느질 전에 반드시 시험 삼아 바느질해본다.

실제로 박음질할 천의 자투리에 실의 장력과 바느질 땀의 크기 등을 확인해봅니다. 박음질 도중에 실을 교체하거나 천을 덧대는 등 박음질 조건이 바뀔 때마다 본바느질 전에 시험 삼아 바느질해보면, 본 바느질 때 안심하고 박음질할 수 있습니다.

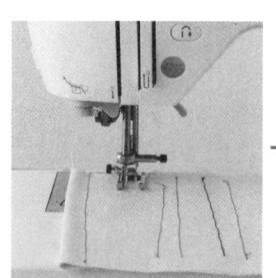 →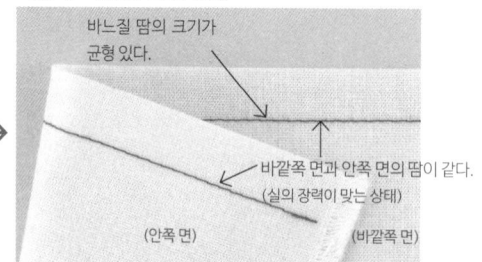

이렇게 박음질 되면 OK!

실 장력 조절하기

윗실이 느슨하고 밑으로 처진 것처럼 보인다. ⟶ **윗실을 단단히 걸어준다.**

그래도 해결되지 않으면, 윗실이 제대로 걸려 있지 않은 상태일 수 있으니, 윗실을 다시 한 번 처음부터 걸어봅니다.

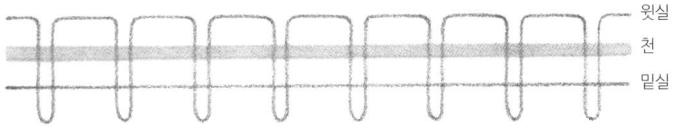

밑실이 느슨하고, 윗실이 위로 잡아당겨진 것처럼 보인다. ⟶ **윗실을 살짝 풀어준다.**

그래도 해결되지 않으면, 밑실이 실패에 잘 감겨 있지 않거나, 실패의 실이 시계 방향으로 가마에 설치되어 있거나, 밑실이 가마에 제대로 걸려 있지 않아 생긴 문제일 수도 있습니다. 실패를 다시 한 번 제대로 설치합니다.

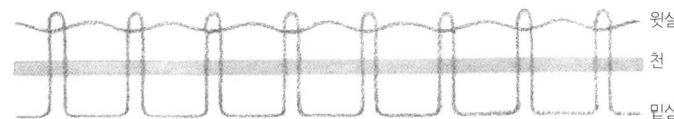

윗실이 지나치게 팽팽하게 보인다. ⟶ **윗실을 다시 걸어준다.**

윗실 고정 장치가 너무 조여져 있거나, 윗실이 어딘가에 걸려서 움직이지 않아서 생긴 문제일 수도 있습니다. 윗실을 처음부터 다시 걸어봅니다.

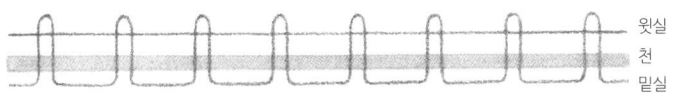

원인을 모를 때는… ⟶ 윗실과 밑실 모두 빼서 처음부터 다시 세팅합니다. 실을 다시 거는 것만으로도 실의 장력이 좋아지는 경우가 의외로 많으니, 처음부터 다시 세팅해봅니다.

더 예쁜 가방을 만들기 위한 **보충수업**

바늘과 실을 고른다.

바늘과 실을 계속 똑같은 것으로 사용하고 있진 않은가요?
얇은 천을 두꺼운 바늘로 박음질하면 바늘구멍이 눈에 띄게 되고,
두꺼운 천을 가는 실로 박음질하면 실이 끊어질 수도 있습니다.
천에 맞춰 바늘과 실을 사용하면, 깔끔하게 가방을 만들 수 있습니다.
재봉틀용 실은 숫자가 커질수록 얇은 천에 사용하는 얇은 실입니다.

기본 조합

얇은 천
- 오건디
- 한랭사
- 거즈 등

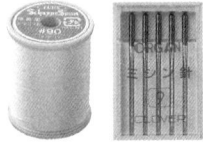

재봉틀용 실: 90번사
바늘: 9호

보통 두께의 천
- 브로드클로스
- 무명 등

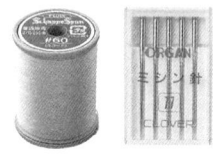

재봉틀용 실: 50~60번사
바늘: 11호

두꺼운 천
- 데님
- 캔버스 천
- 퀼팅
- 옥스퍼드
- 코듀로이 등

재봉틀용 실: 30~60번사
바늘: 14호

신축성 있는 천
- 니트
- 저지
- 스웨터 등

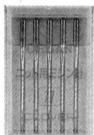

재봉틀용 실: 니트용·재봉틀용 실 50번사
바늘: 니트용·재봉틀용 바늘 11~14호

바늘 → 실 순으로 고른다.

먼저 천에 적합한 바늘을 고릅니다. 보통 두께의 천이라도 몇 겹씩 겹쳐서 박음질해야 할 때는 11호보다는 14호 재봉틀용 바늘을 사용합니다. 시접을 한쪽으로 눕혀서 박음질할 때처럼 천을 겹쳐서 박음질해야 할 때가 의외로 많습니다.

천을 잇댈 때는 두꺼운 천이라도 50~60번사를 사용해도 된다.

두꺼운 천이라도 재봉틀용 실을 꼭 30번사로 해야 하는 건 아닙니다. 30번사로 박음질한 땀은 너무 단단하고, 실의 장력을 알맞게 맞추기가 힘듭니다. 그래서 천을 잇댈 때는 50~60번사를 사용하고, 주머니 등 박음질을 눈에 띄게 하고 싶은 부분에는 30번사를 사용하는 등 상황에 맞게 골라서 사용하면 좋습니다. 반대로 두께가 얇은 천이나 보통인 천에는 30번사를 사용하지 않는 것이 좋습니다. 너무 두꺼워서 제대로 박음질하기 힘듭니다.

재봉틀에 손바느질용 실을 사용하지 않는다.

재봉틀용 실과 손바느질용 실은 각 용도에 맞게 만들어진 실이므로, 실의 '꼬임' 방향이 다릅니다. 재봉틀용 실은 '왼쪽 꼬임', 손바느질용 실은 '오른쪽 꼬임'입니다. 그래서 재봉틀에 손바느질용 실을 사용하면, 실이 쉽게 끊어지는 문제가 발생할 수 있습니다.

땀이 깔끔하게 박히지 않을 때는…

박음질이 엉성하게 된다.

땀이 삐뚤삐뚤하지 않은데 박음질이 엉성하게 보일 때는, 올이 두꺼운 천에서 생기는 문제인데, 봉제실보다 올의 힘이 세기 때문입니다. 실을 30번사나 더 두꺼운 '자수용 실'로 바꿔서 사용하는 것이 좋습니다. 실을 바꿀 때는 바늘도 실에 맞게 바꿔서 사용합니다.

30번사는 실의 장력을 알맞게 맞추기 힘들다.

가정용 재봉틀은 실의 장력을 윗실로만 조절할 수 있어서, 두꺼운 실은 사용하기 힘들 때가 있습니다. 그럴 때는 두꺼운 실은 밑실로만 사용하고, 윗실은 50~60번사를 걸어준 뒤, 박음질 선이 보이는 면을 아랫면 쪽에 두고 박음질하면 됩니다.

박음질 도중에 실이 끊긴다.

윗실은 바늘구멍을 통과한 채로 천을 통과하며 위아래로 움직이므로, 너무 빠르게 박음질하면 마찰로 인해 실이 끊어질 수도 있습니다. 적당하면서도 일정한 속도로 박음질하는 깃이 중요합니다. 적당하고 일정한 속도를 알아내기 위해서는 본 바느질 전에 시험 삼아 박음질해보면 좋습니다.

땀이 삐죽 튀어나온다.

바늘 끝이 상했을 때 생길 수 있는 문제입니다. 바늘이 천을 고정하는 시침핀에 닿으면, 바늘 끝이 휘기도 합니다. 바늘이 휘면 바느질이 깔끔하게 되지 않을뿐더러 천이 상하기도 합니다. 실을 걸기 전에 바늘 끝 상태를 확인합니다.

덜컥이는 소리가 난 후, 재봉틀이 멈췄다.

얇은 천에 30번사처럼 두꺼운 실을 사용하거나 천에 맞지 않은 바늘과 실을 사용할 때 생길 수 있는 문제입니다. 바늘과 실을 잘 확인해보기 바랍니다.

더 예쁜 가방을 만들기 위한 **보충수업**

다림질하기

다리미를 사용하면 가방 모양을 깔끔하게 잡아줄 수 있다.

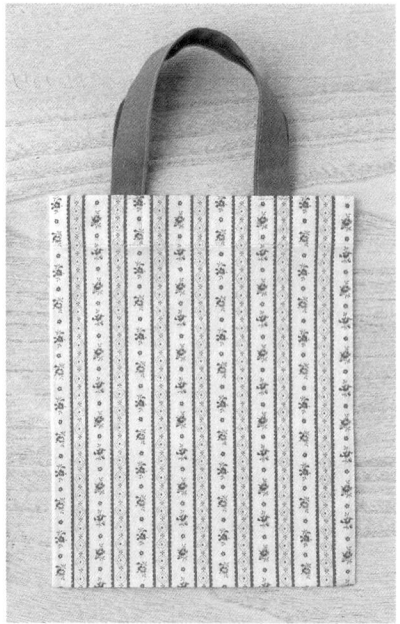

다리미를 사용해서 만든 가방

재단하기 전에 다리미로 천의 올 방향을 바로 잡아준 후에 가방을 만들어서, 무늬가 곧고 깔끔하게 모양이 잡혀 있습니다. 다림질을 통해 가방 입구 부분을 깔끔하게 접을 수 있고, 시접도 안정적으로 눕힐 수 있습니다.

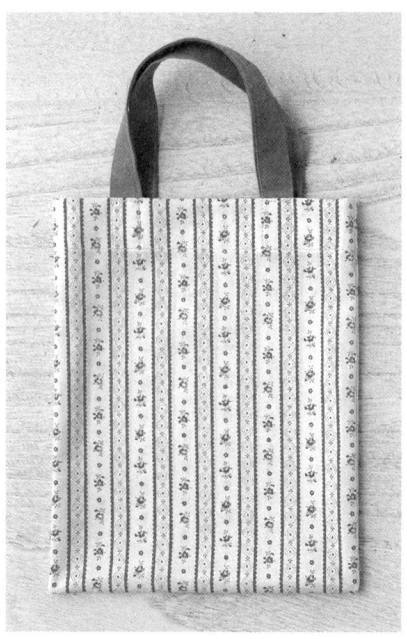

다리미를 사용하지 않고 만든 가방

천의 올 방향이 바로 잡히지 않은 상태에서 가방을 만들어서 무늬가 비뚤어졌습니다. 접힌 부분이나 시접도 안정적이지 않고, 전체적으로 늘어진 인상을 줍니다.

다림질 방법은 크게 두 가지로 나눌 수 있다.

1 미끄러지듯 다리기

다리미를 천에 댄 상태로 미끄러지듯 움직여줍니다. 주로 바느질할 천을 재단하기 전에 다리미로 끝손질(82쪽 참조)하거나, 주름을 펴줄 때 사용하는 방법입니다.

2 누르듯 다리기

다리미를 한 번 눌러준 후, 천에서 다리미를 뗀 상태로 다음에 다릴 위치로 이동합니다. 접착 심을 붙일 때나, 시접을 양쪽으로 눕힐 때 사용하는 방법입니다.

다림질하기

천을 접을 때

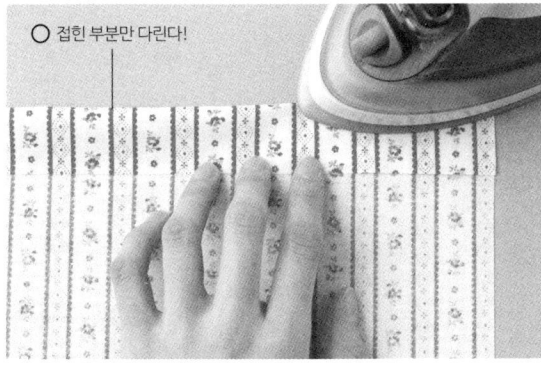

○ 접힌 부분만 다린다!

중요한 것은 '필요한 부분에만 다림질하는 것'입니다. 천을 접을 때는 다리미의 가장자리를 이용해서 다린다는 느낌으로 접힌 부분만을 다립니다. 다리지 않아도 될 부분까지 다림질하게 되면, 불필요한 주름이 생겨서 천이 늘어날 수 있습니다.

시접을 눕힐 때

시접을 한쪽으로 눕힐 때

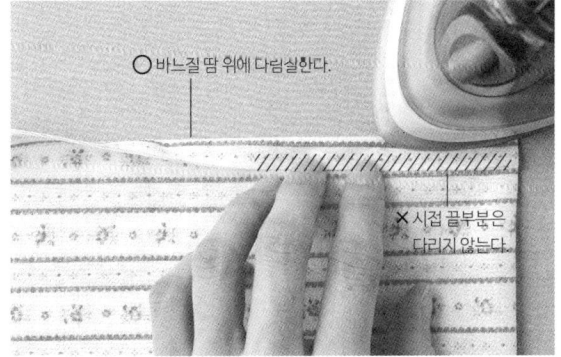

○ 바느질 땀 위에 다림실한다.
× 시접 끝부분은 다리지 않는다.

바느질 땀 위를 다리미로 눌러주되, 시접 끝부분은 나리지 않습니다. 바깥쪽에서 봤을 때 시접이 튀어나와 보이는 것을 방지하기 위함입니다. 양쪽으로 눕힐 때도 가능하면 박음선에 주의해서 누릅니다.

시접을 양쪽으로 눕힐 때

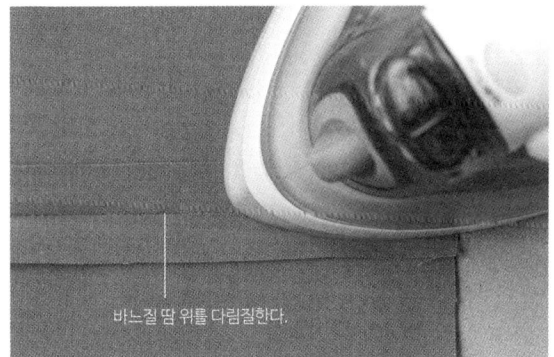

바느질 땀 위를 다림질한다.

천의 종류와 용도에 맞춰 천을 덧댄 후 다림질한다.

아플리케나 접착 심을 붙일 때 천을 덧대서 다림질하면, 접착 심의 풀로 인해 다리미가 더러워지는 것을 방지할 수 있습니다. 천 바깥쪽 면을 다림질할 때, 다림질 후 천이 번들거릴 가능성이 있는 천은 다른 천을 덧댄 후 다림질합니다.

93

더 예쁜 가방을 만들기 위한 **보충수업**

송곳 사용하기

송곳을 올바르게 쥐는 방법

송곳을 펜처럼 손끝으로 잡는 것이 아니라 송곳 몸통을 손바닥으로 지지하듯이 쥐면, 힘을 주기 편하며 안정적으로 잡을 수 있습니다. 본인 손 크기에 맞는 송곳을 고르면 좋습니다.

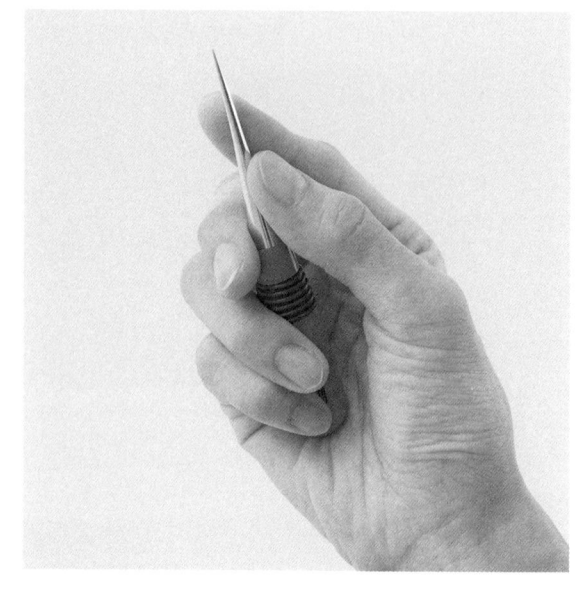

다양한 사용 방법

1 안으로 밀려 들어간 가방 귀퉁이를 빼낼 때

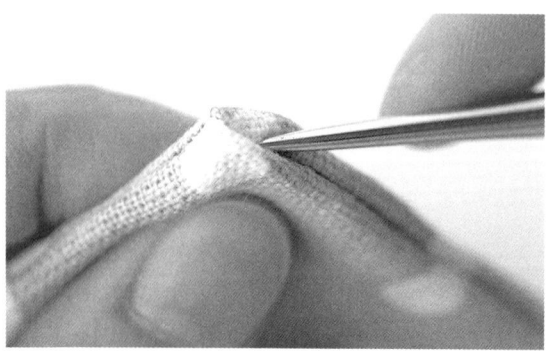

바느질 실이나 천의 올을 송곳으로 걸어서 잡아당기면 실이 끊길 수도 있으니 주의해야 합니다. 천의 올이 아니라 가방 귀퉁이를 밀어내듯이 빼주면서 안쪽에 있는 시접을 정리합니다.

사용 전

사용 후

2 주머니 등의 위치를 표시할 때

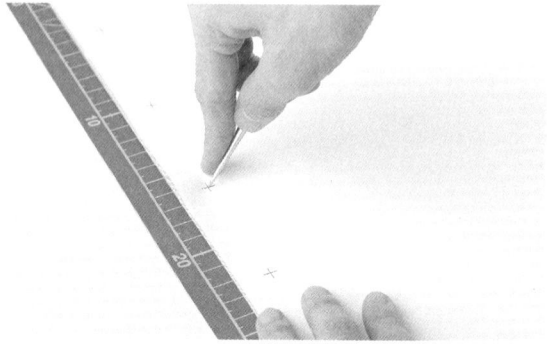

패턴지 안쪽에 있는 표시를 본뜰 때, 초크 펜슬을 사용할 수 없는 경우에 패턴지 위에 송곳을 댄 상태에서 눌러서 표시합니다. 주머니 귀퉁이나 단추 위치 등, 점으로 표시하는 경우에 사용하기 적합합니다. 송곳을 사용했을 때 올이 나갈 수도 있는 섬세한 천에는 사용하지 않는 것이 좋습니다. 반드시 매트를 깔고 사용하기 바랍니다.

3 재봉틀로 박음질할 때

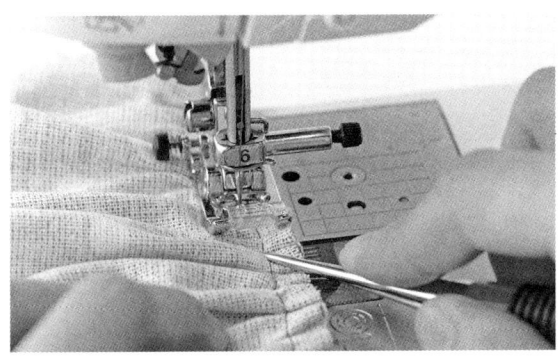

개더를 박음질할 때
송곳을 살짝 눕혀서 주름을 잡아가면서 노루발 아래로 천을 밀어넣듯 박음질합니다.

레이스와 테이프를 박음질할 때
레이스와 테이프의 끝단이 어긋나지 않도록 꽂아뒀던 시침핀과 시침핀 사이를 송곳으로 누르며 천을 밀어주듯 박음질합니다.

4 니트에 구멍을 뚫을 때

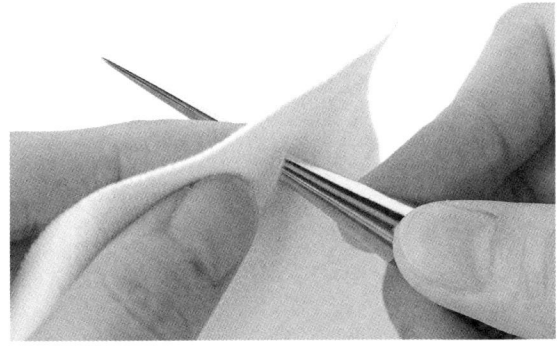

니트에 똑딱단추 등의 장신구를 달 때, 칼이나 가위 등으로 구멍을 뚫으면 천이 늘어나면서 구멍이 커져 장신구가 빠질 수 있습니다. 송곳으로 뜨개질 코를 넓히듯이 구멍을 뚫어줍니다.

5 바느질 땀을 풀어줄 때

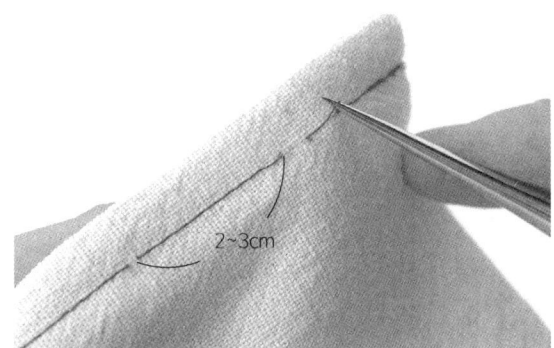

풀어내고자 하는 바느질 땀을 2~3cm 간격으로 잘라서, 실에 송곳 끝부분을 걸어서 빼내줍니다.

재단 배치도

바닥이 둥근 가방

* 표시없는 시접은 1cm
* 안쪽 도형과 시접의 길이를 표시하였음.
  (시접의 크기는 괄호로 표시)

1장으로 만들기

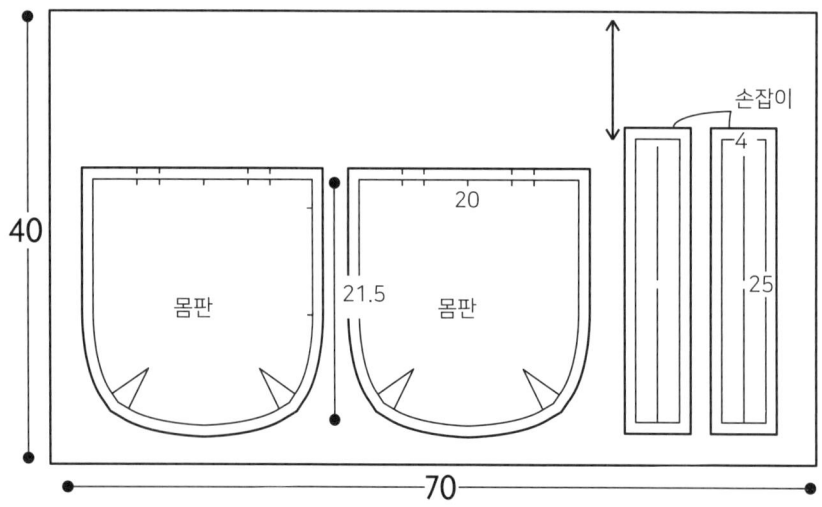

안감 덧대서 만들기   겉감

안감 덧대서 만들기   안감 및 접착 심

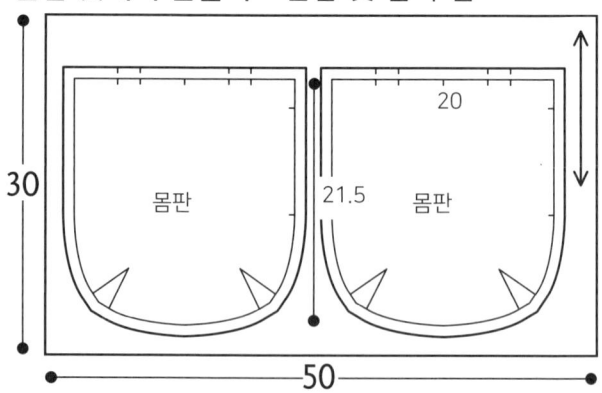

천 2장을 겹쳐 만드는 가방

* 표시없는 시접은 1cm
* 안쪽 도형과 시접의 길이를 표시하였음.
  (시접의 크기는 괄호로 표시)

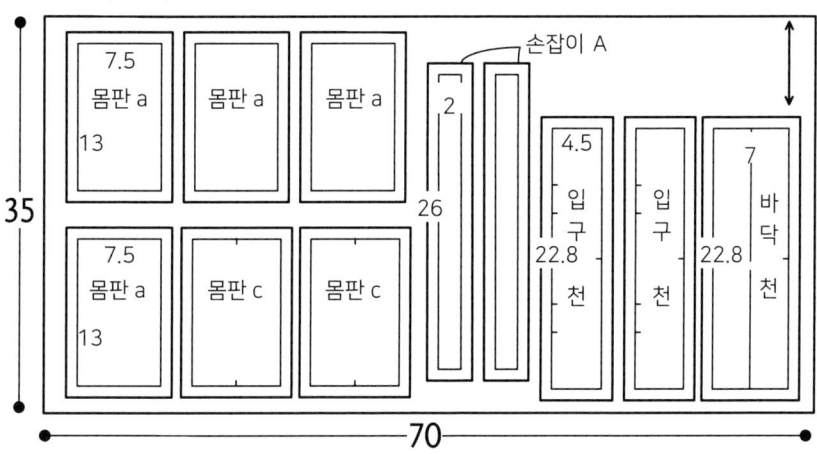

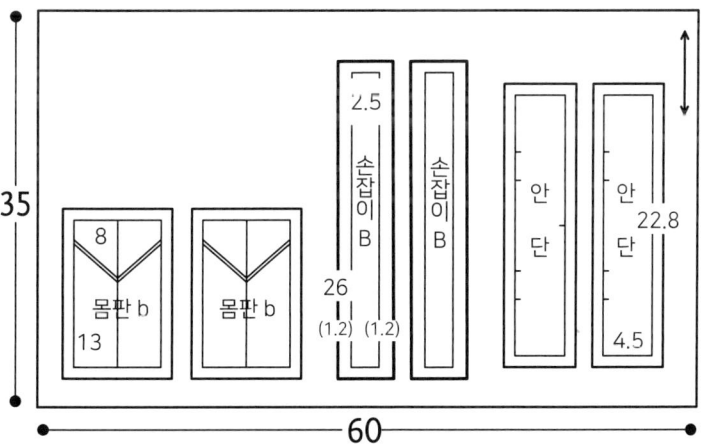

재단 배치도

* 표시없는 시접은 1cm
* 안쪽 도형과 시접의 길이를 표시하였음.
  (시접의 크기는 괄호로 표시)

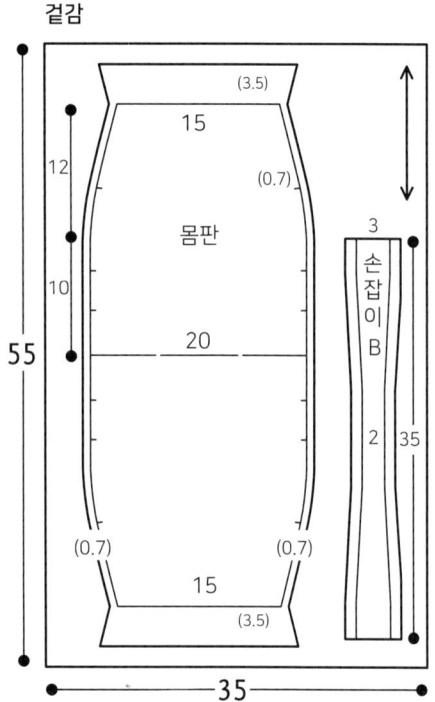

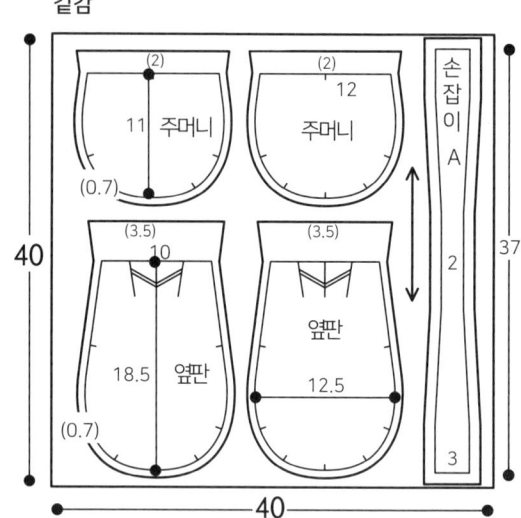

휴대용 화장품 가방

* 표시없는 시접은 1cm
* 안쪽 도형과 시접의 길이를 표시하였음.
  (시접의 크기는 괄호로 표시)

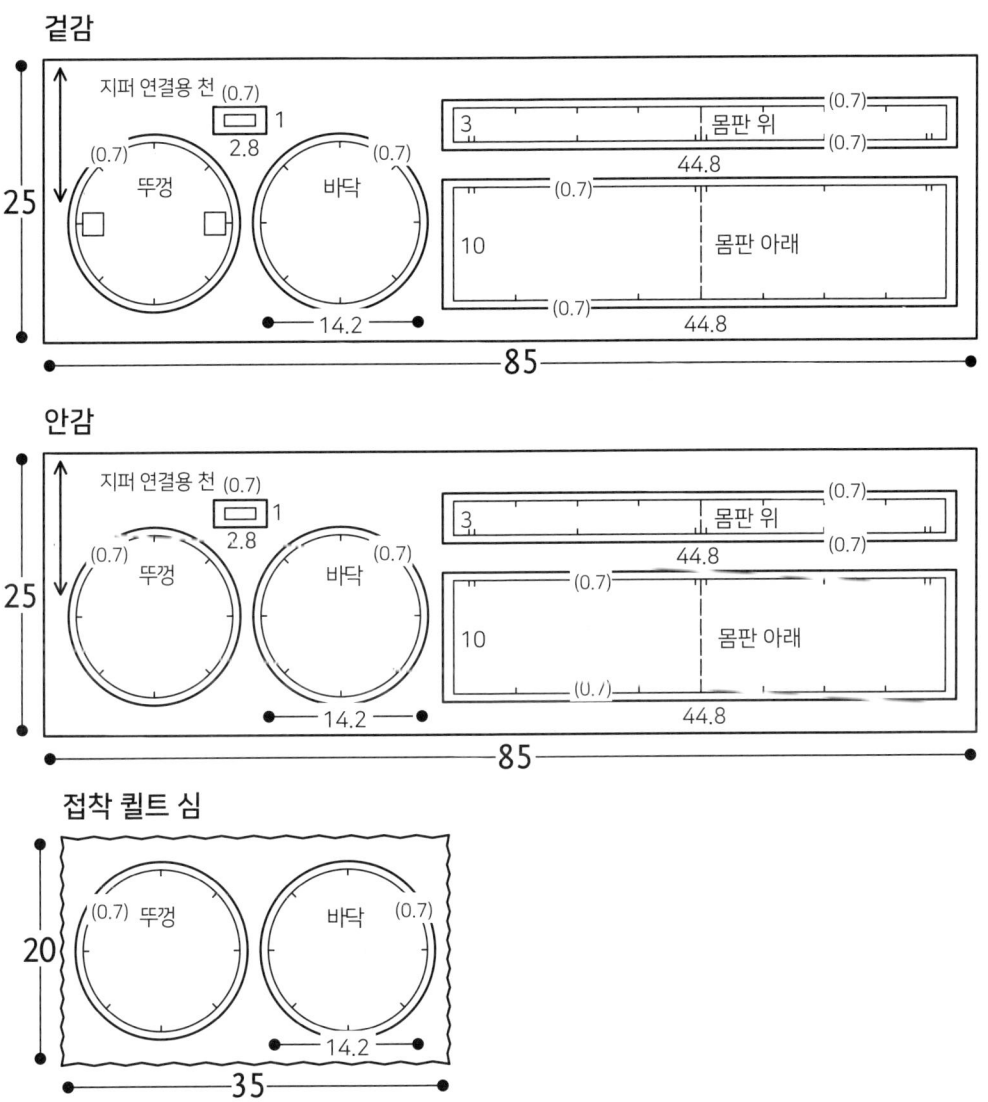

재단 배치도

주머니 많은 가방

* 표시없는 시접은 1cm
* 안쪽 도형과 시접의 길이를 표시하였음.
  (시접의 크기는 괄호로 표시)

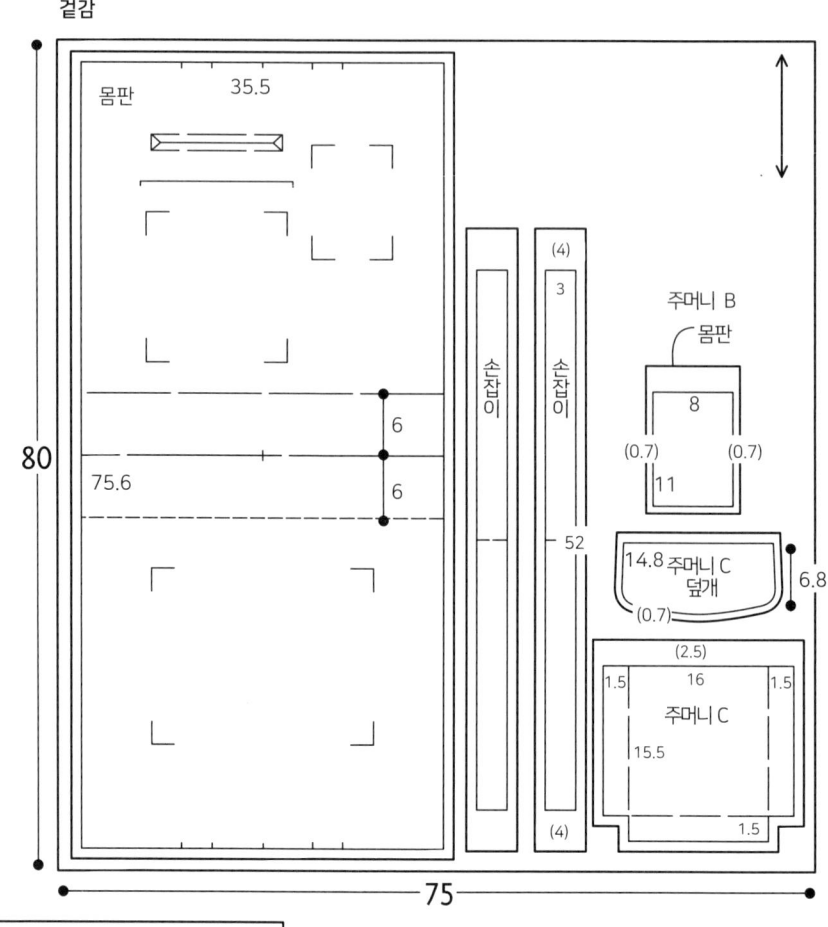

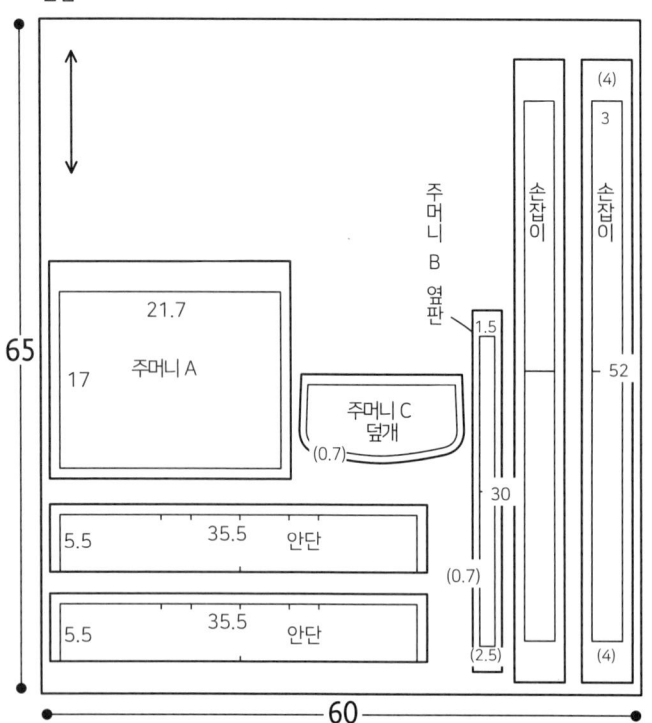

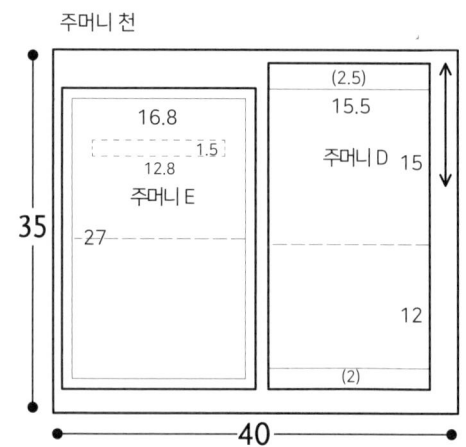

턱과 개더로 만든 주름 가방

* 표시없는 시접은 1cm
* 안쪽 도형과 시접의 길이를 표시하였음.
(시접의 크기는 괄호로 표시)

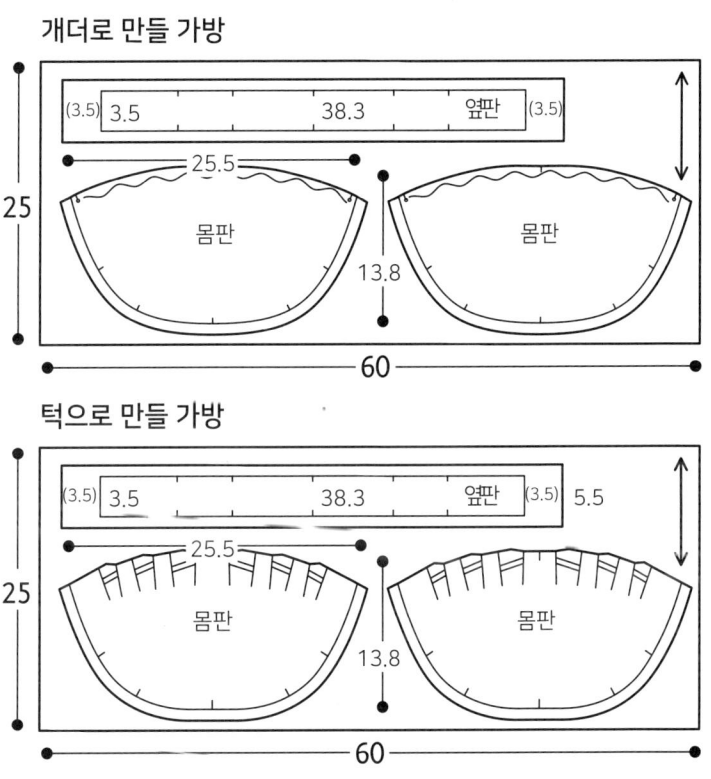

재단 배치도

* 표시없는 시접은 1cm
* 안쪽 도형과 시접의 길이를 표시하였음.
  (시접의 크기는 괄호로 표시)

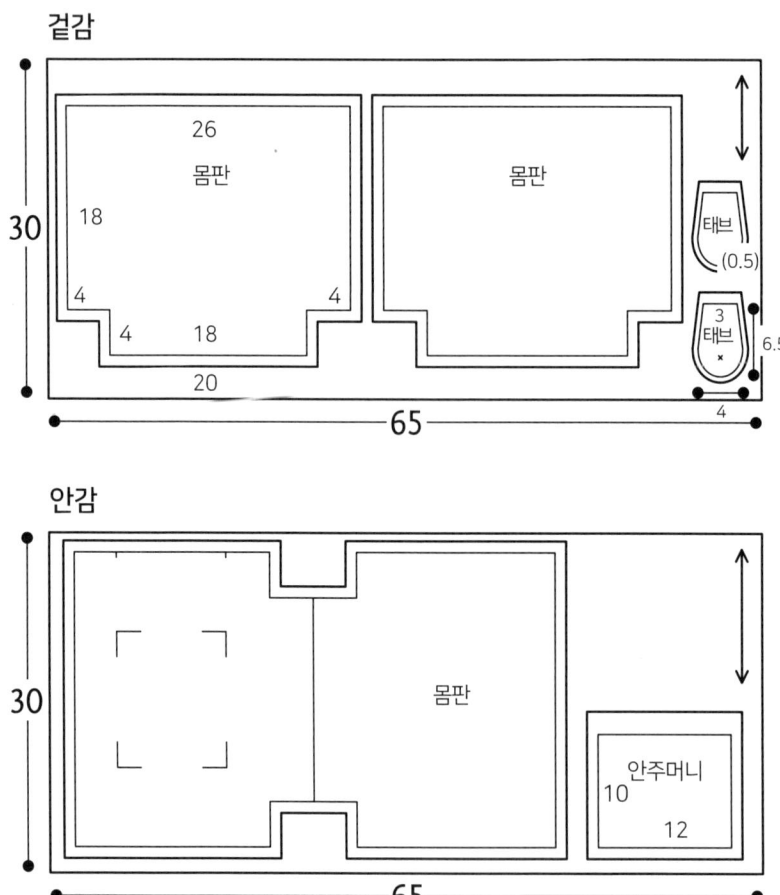

숄더백

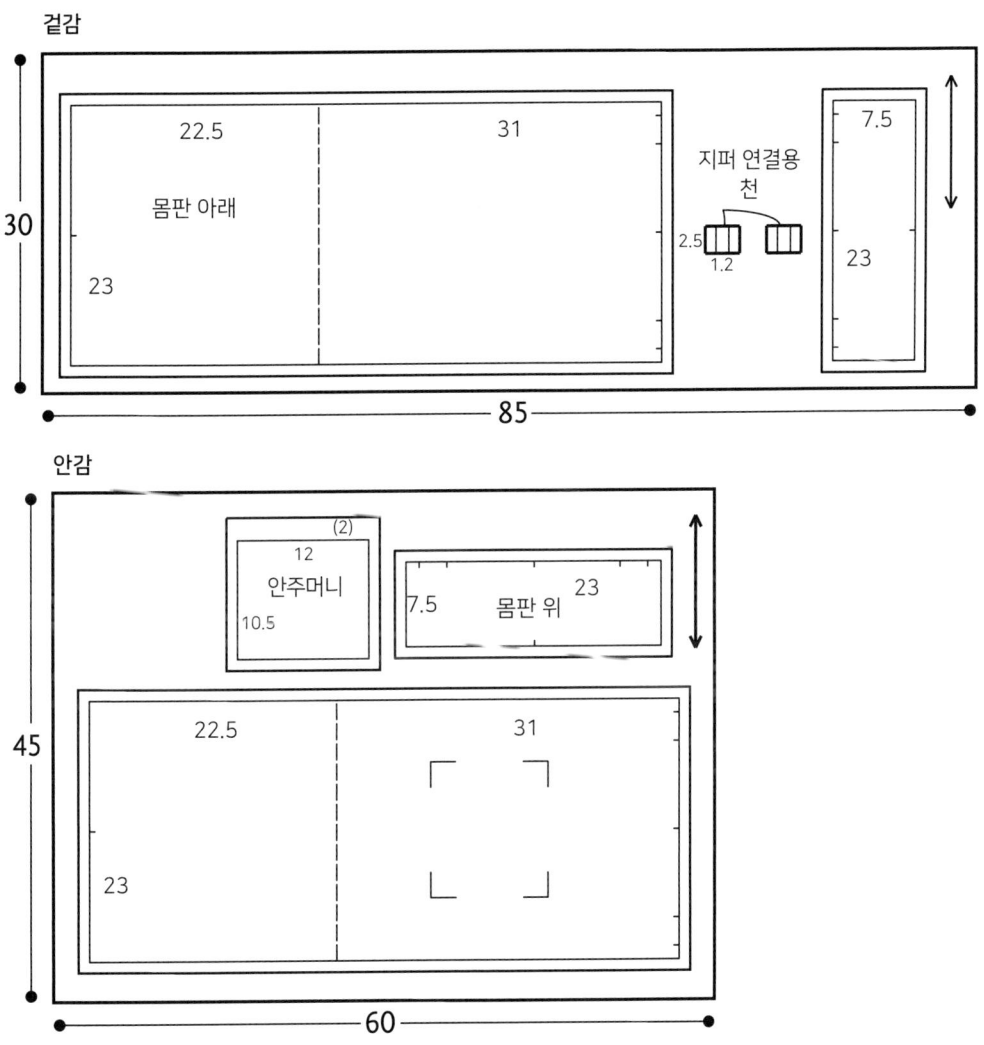

재단 배치도

복주머니 가방

* 표시없는 시접은 1cm
* 안쪽 도형과 시접의 길이를 표시하였음.
  (시접의 크기는 괄호로 표시)

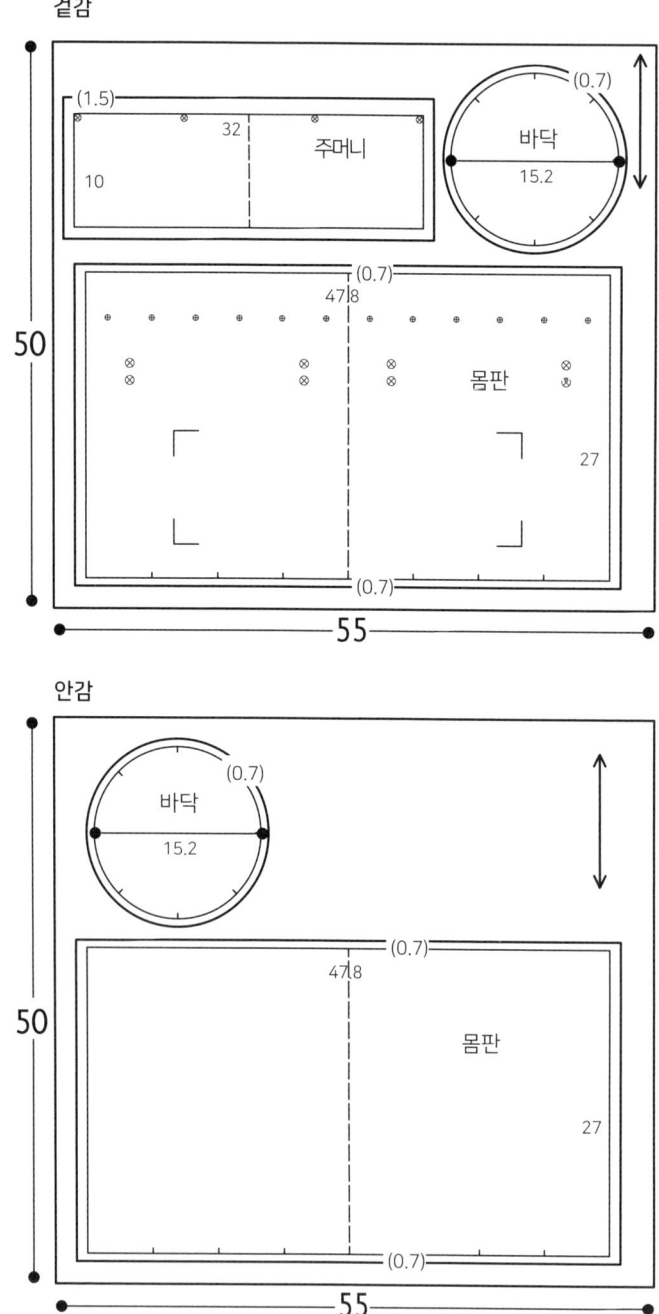

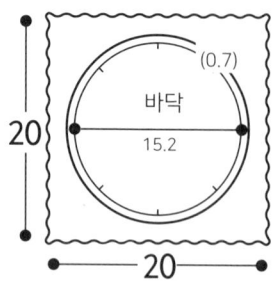

보스턴백

* 표시없는 시접은 1cm
* 안쪽 도형과 시접의 길이를 표시하였음.
  (시접의 크기는 괄호로 표시)

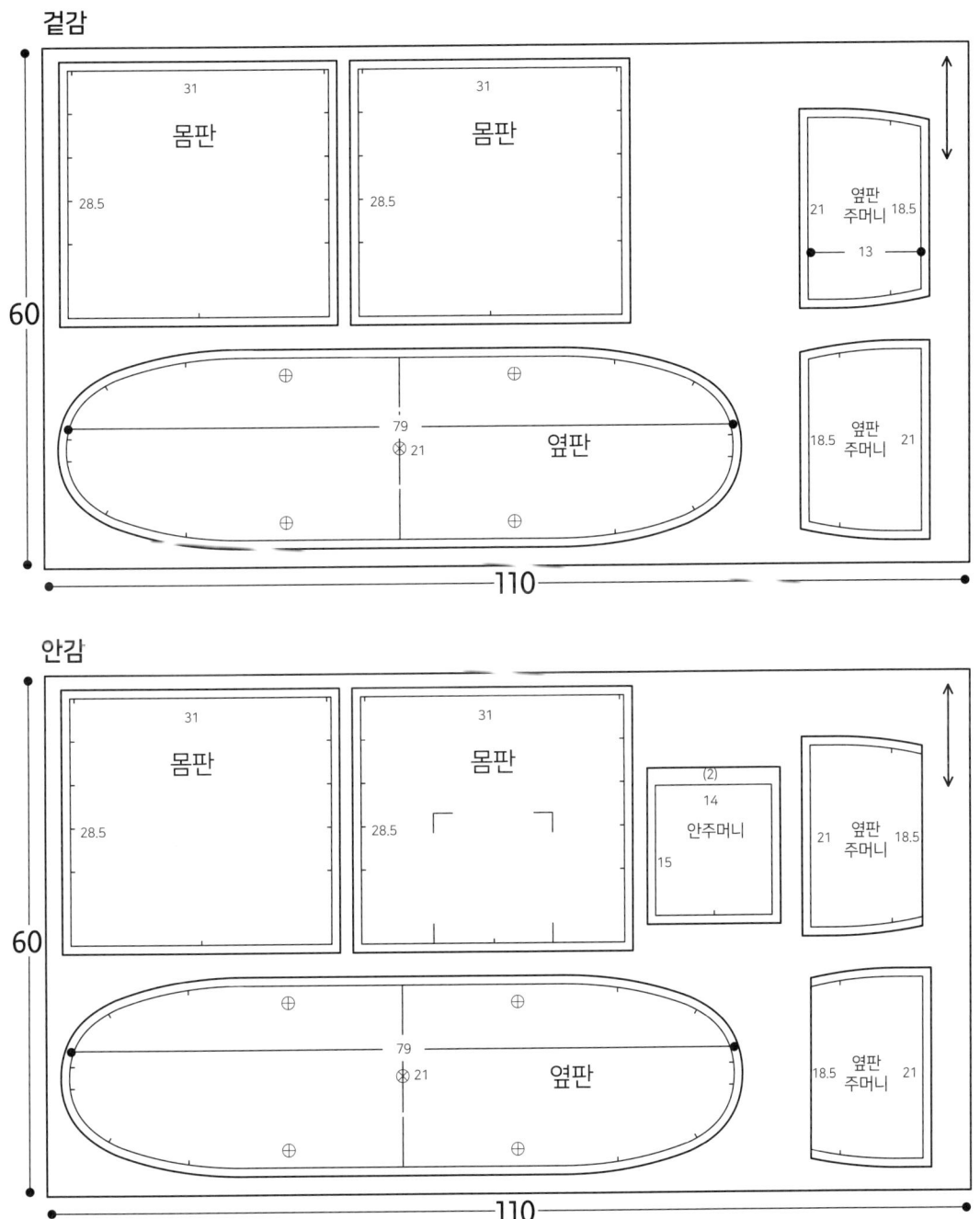

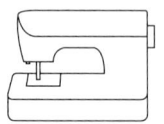

한국어판
편집자의
말

내 손으로 한 번쯤 만들고 싶은 것 중에 1순위가 저는 가방이었습니다. 나만의 가방, 내가 직접 만든 가방입니다. 특히 가볍고 부담 없는 천 가방에 눈이 많이 갔습니다. 이 책은 초보자도 쉽게 만들 수 있는 여러 가지 천 가방을 소개하고 있습니다. 처음에는 버리려고 내놓은 옷을 잘라 손바느질로 작은 가방을 만들었습니다. 그리고 직접 독자가 되어 이 책 속의 가방들을 만들기 시작했습니다. 그러다가 재봉틀을 구입하고, 실을 거는 일부터 시작했습니다.

이 책은 만드는 모든 과정을 알기 쉽게 설명하고 있어, 차분히 따라 하기만 했습니다. 모든 도구를 다 갖추고 만들어보겠다고 생각하지 말고, 하나씩 만들어보면서 필요한 도구를 구입하는 것도 좋습니다. 무엇보다 가장 중요한 것은 천에 가방 패턴을 그리는 일입니다. 크기에 맞게 그리고 자르는 일이 잘되면 완성까지 시간을 훨씬 단축할 수 있습니다. 여러분의 도전을 응원합니다.

* 이 책을 따라 하며 만드는 제작과정이나 완성된 가방을 여러분의 SNS(유튜브, 인스타그램, 페이스북, 블로그)에 올려주세요. 그리고 happybookpub@naver.com으로 메일을 보내주세요. 소정의 선물을 보내드리겠습니다.

지은이 미즈노 요시코 水野佳子

소잉 디자이너. 《쉽게 배우는 재봉틀》(싸이프레스)
《예쁜 지퍼 가방과 소품 만들기》(중앙북스) 등 바느질을 이용해 소품을 만드는 책을 다수 출판했다.

옮긴이 전지혜

가천대학교 실내건축학과를 졸업한 후 한국표준과학연구원 등에서 다년간 산업번역을 했다.
현재는 엔터스코리아에서 일본어 번역가로 활동하고 있다.

BAG ZUKURI KYOSHITSU by Yoshiko Mizuno
Copyright © 2017 Yoshiko Mizuno
All rights reserved.
Original Japanese edition published by SHUFU-TO-SEIKATSU SHA LTD., Tokyo
This Korean language edition is published by arrangement with SHUFU-TO-SEIKATSU SHA LTD., Tokyo
in care of Tuttle-Mori Agency, Inc., Tokyo through Enters Korea Co., Ltd., Seoul.

누구나 뚝딱 DIY 2
쉽게 배워서 가볍게 들고 다니는
나만의 가방 만들기

초판 1쇄 인쇄 2019년 8월 19일
초판 1쇄 발행 2019년 8월 30일

지은이 미즈노 요시코
옮긴이 전지혜

펴낸이 김찬희
펴낸곳 끌리는스타일

출판등록 신고번호 제25100-2011-000073호
주소 서울시 구로구 디지털로 31길 20 1005호
전화 영업부 (02)335-6936 편집부 (02)2060-5821
팩스 (02)335-0550
이메일 happybookpub@gmail.com
페이스북 www.facebook.com/happybookpub
블로그 blog.naver.com/happybookpub
포스트 post.naver.com/happybookpub
스토어 smartstore.naver.com/happybookpub

ISBN 979-11-966748-0-9 13590
값 14,800원

* 끌리는스타일은 끌리는책의 실용서 브랜드입니다.

- 잘못된 책은 구입하신 서점에서 교환해드립니다.
- 이 책 내용의 일부 또는 전부를 재사용하려면 반드시 사전에 저작권자와 출판권자에게 서면에 의한 동의를 얻어야 합니다.
- 이 도서의 국립중앙도서관 출판예정도서목록(CIP)은 서지정보유통지원시스템 홈페이지
  (http://seoji.nl.go.kr)와 국가자료공동목록시스템(http://www.nl.go.kr/kolisnet)에서 이용하실 수 있습니다. (CIP 제어번호: CIP2019017854)